YoVA4

**Junge Wiener Architekten
und Landschaftsarchitekten**
Young Viennese Architects
and Landscape Architects

T0327280

Glossar
Glossary

Architekturtage
Zweijährlich stattfindende, österreichweit durchgeführte Veranstaltung zur Vermittlung von Architektur und Baukultur, durchgeführt von der Architekturstiftung Österreich und der Bundeskammer der Architekten und Ingenieurkonsulenten.

Baugruppen
Wohnbautypus, bei dem die zukünftigen BewohnerInnen selbst ihr Wohngebäude entwickeln, mit ArchitektInnen planen und errichten.

Bauträgerwettbewerb
Wettbewerbsform für geförderten Wohnbau in Wien, bei der Teams von Bauträgern und ArchitektInnen zusammen antreten.

BIG
Bundesimmobiliengesellschaft, Immobilienentwickler und -verwalter im Eigentum der Republik Österreich.

Eisvogel
Eisvogel war ein Zusammenschluss von jungen ArchitekturabsolventInnen in den 2000er Jahren, angesiedelt irgendwo zwischen ArchitektInnennetzwerk, Architekturgruppe mit 20 Mitgliedern und Veranstalter von Diskussionen und Exkursionen. Namensgebend war die Eisvogelgasse, wo sich das gemeinsame Büro befand. Die Gruppe besteht mittlerweile nicht mehr, aus ihr entstanden mehrere Architekturbüros.

Fightclub
Der Fightclub ist ein monatliches Treffen junger Wiener Architekturbüros zum Austausch über aktuelle eigene Projekte. Prinzip ist die offene, ehrliche Auseinandersetzung, Samthandschuhe sind verpönt. Den harten Kern bilden vier Büros, zusätzlich gibt es eine größere Zahl unregelmäßiger Teilnehmer.

Greenlab
Greenlab ist ein Projekt des Forstamtes der Stadt Wien in Kooperation mit dem Landschaftsarchitekturbüro zwoPK und spacelab, in dem ausgrenzungsgefährdeten Jugendlichen und jungen Erwachsenen die Möglichkeit einer Beschäftigung geboten wird, um Arbeitserfahrung zu sammeln.

Grünordnungsplan
Grünraumbezogene Grundlage eines Bebauungsplans, meist ohne eigene Rechtswirksamkeit. In Deutschland üblich, in Österreich bisher nicht angewandt.

IG-Architektur
Freiwillige Interessengemeinschaft von Architekturschaffenden, Impulsplattform für die Auseinandersetzung mit Fragen der Architektur und Architekturpolitik.

Kammer
Kammer der Architekten und Ingenieurkonsulenten, gesetzliche Berufsvertretung der ArchitektInnen.

Kampolerta
LandschaftsarchitektInnenkollektiv und Netzwerk zur ungewöhnlichen Nutzung von öffentlichen Räumen.

Kooperatives Verfahren
Städtebauliches Planungsverfahren, bei dem nicht, wie beim Wettbewerb, mehrere Projekte in Konkurrenz zueinander ausgearbeitet werden, sondern mehrere PlanerInnen kooperativ und in interdisziplinärer Zusammenarbeit ein städtebauliches Projekt entwickeln.

ÖGFA
Österreichische Gesellschaft für Architektur, gegründet 1965, Architekturvermittlungsinstitution mit kritischem Anspruch in Wien.

ÖGLA
Österreichische Gesellschaft für Landschaftsplanung und Landschaftsarchitektur, Berufsvertretung der LandschaftsarchitektInnen.

ÖISS
Österreichisches Institut für Schul- und Sportstättenbau, Fachinstitut in Planungsfragen, Stiftung des Bundes und aller Bundesländer mit der Funktion einer national und europaweit verbindenden und vernetzenden Plattform.

Orte Niederösterreich
Niederösterreichisches »Architekturhaus«, Architekturvermittlungsinstitution mit Sitz in Krems.

Planungsgemeinschaft Ost
Gemeinsame Organisation der Länderverwaltungen Burgenland, Niederösterreich und Wien zur Abstimmung, Koordination und Vorbereitung raumplanerisch relevanter Fragen in Ostösterreich.

PPP
Public-private partnership, öffentlich-private Partnerschaft, Projekttypus, bei dem die öffentliche Hand und private Unternehmen arbeitsteilig kooperieren, wobei die Privaten eine Leistung erbringen und die öffentliche Hand auf die Einhaltung der Ziele achtet und die Leistung finanziert. Derartige Projekte werden umgesetzt, um ohne zusätzliche Verschuldung des öffentlichen Haushalts zum Beispiel Neubauten wie Schulen realisieren zu können. Die öffentliche Hand investiert nicht, sondern bezahlt eine jährliche Miete.

Projektsteuerer
Übernimmt delegierbare Auftraggeberfunktionen, zum Beispiel die Programmerstellung für das Projekt, Erstellung und Überwachung von Termin- und Zahlungsplänen, Information über den Projektverlauf und Vorbereiten von Auftraggeberentscheidungen.

STEP
Stadtentwicklungsplan, langfristiger, auf das gesamte Stadtgebiet bezogener Plan für Wien, der alle zehn Jahre neu erstellt wird.

Zolltexte
Österreichische Zeitschrift für Landschaftsplanung und Freiraum, wird vom Forum Landschaftsplanung herausgegeben.

ZV
Zentralvereinigung der ArchitektInnen Österreichs, Architekturvermittlungsinstitution mit Dependancen in allen Bundesländern, gegründet 1907, ursprünglich als Standesvertretung der ArchitektInnen.

Architecture Days
A biennial, Austria-wide event for the mediation of architecture and building culture, carried out by the Austrian Architectural Foundation and the Federal Chamber of Architects and Chartered Engineering Consultants.

Baugruppe (Building Group)
Type of residential housing in which the future inhabitants develop the building themselves in conjunction with architects.

Developer Competition
Form of competition for subsidized housing in Vienna, in which architects and developers team up and apply together.

BIG
Bundesimmobiliengesellschaft or BIG is a quasi-governmental company in Austria, which manages Austrian publicly owned real estate.

Eisvogel
Eisvogel was an association of young architecture graduates formed in the 2000s with around twenty members, a mix between architects' network, an architecture group, and an organizer of discussions and excursions. The name is derived from Eisvogelgasse, the street where the shared office was located. The group no longer exists, as it split up into several autonomous architectural firms.

Fightclub
The Fightclub is a monthly gathering of young Viennese architects to exchange views on current projects. The principle objective is open and honest debate. Kid gloves are frowned upon. The hard core consists of four offices, plus a large number of irregular attendees.

Greenlab
Greenlab is a project by the Forestry Department of the City of Vienna, in cooperation with landscape architecture company zwoPK and spacelab, that offers at-risk adolescents and young adults with an employment opportunity and the possibility to gather work experience.

Green Space Plan
The foundation of the green space design section of a development plan, usually not legally binding. Common in Germany, this type of plan is not yet widespread in Austria.

IG-Architektur
Voluntary interest group of architecture professionals; platform for addressing issues of architecture and architectural politics.

Chamber (Kammer)
Federal Chamber of Architects and Chartered Engineering Consultants, legal architecture trade representation.

Kampolerta
Landscape architects collective and network for the unique use of public spaces.

Cooperative Planning Procedure
Urban development planning process in which, unlike in a architectural competition, projects are not planned in competition with each other, but instead where several designers work on an urban planning project in cooperative, interdisciplinary collaboration.

ÖGFA
The Österreichische Gesellschaft für Architektur (Austrian Society for Architecture) was established in 1965 and defines itself as a catalyst of the critical, inter-disciplinary debate on architecture and its theoretical superstructure.

ÖGLA
The Österreichischen Gesellschaft für Landschaftsplanung und Landschaftsarchitektur (Austrian Society for Landscape Design and Landscape Architecture) is a trade association for landscape architects.

ÖISS
The Österreichisches Institut für Schul- und Sportstättenbau (Austrian Institute for School and Sports Facility Construction) is a specialized institute for planning and a federal association for all provinces, acting as a national and European networking platform.

Orte Niederösterreich
The Lower Austrian »House of Architecture«; an architecture awareness institution based in Krems.

Planungsgemeinschaft Ost
The Planning Community East is an organization set up by the regional administrations of Burgenland, Lower Austria, and Vienna to develop joint measures for improving infrastructure in eastern Austria, focusing mainly on traffic planning, infrastructure, and spatial planning.

PPP
A public-private partnership is a type of projects in which public authorities and private companies collaborate, with the private sector company providing a service and the public authority ensuring goal compliance and providing funding. Such projects are implemented, for example, in order to construct new buildings such as schools without adding to government debt by cutting investments and instead paying an annual rent.

Project Controller
A person who takes on delegated client functions, such as project scheduling, preparation and monitoring of schedules and payment plans, providing information on project progression, and preparing client decisions.

STEP
A long-term urban development plan for the City of Vienna as a whole, re-established every ten years.

Zolltexte
Austrian magazine for landscape planning and open space, published by Forum Landschaftsplanung (Austrian Landscape Design Forum).

ZV
The Zentralvereinigung der ArchitektInnen Österreichs (Austrian Architect's Association), an architecture institution with branches in all states, was originally founded in 1907 as the Standesvertretung der ArchitektInnen.

YoVA4

Junge Wiener Architekten und Landschaftsarchitekten
Young Viennese Architects and Landscape Architects

Magistrat der Stadt Wien
Magistratsabteilung 18 – Stadtentwicklung und Stadtplanung
Magistratsabteilung 19 – Architektur und Stadtgestaltung

City of Vienna Municipal Administration
Municipal Department 18 – Urban Development and Planning
Municipal Department 19 – Architecture and Urban Design

Birkhäuser
Basel

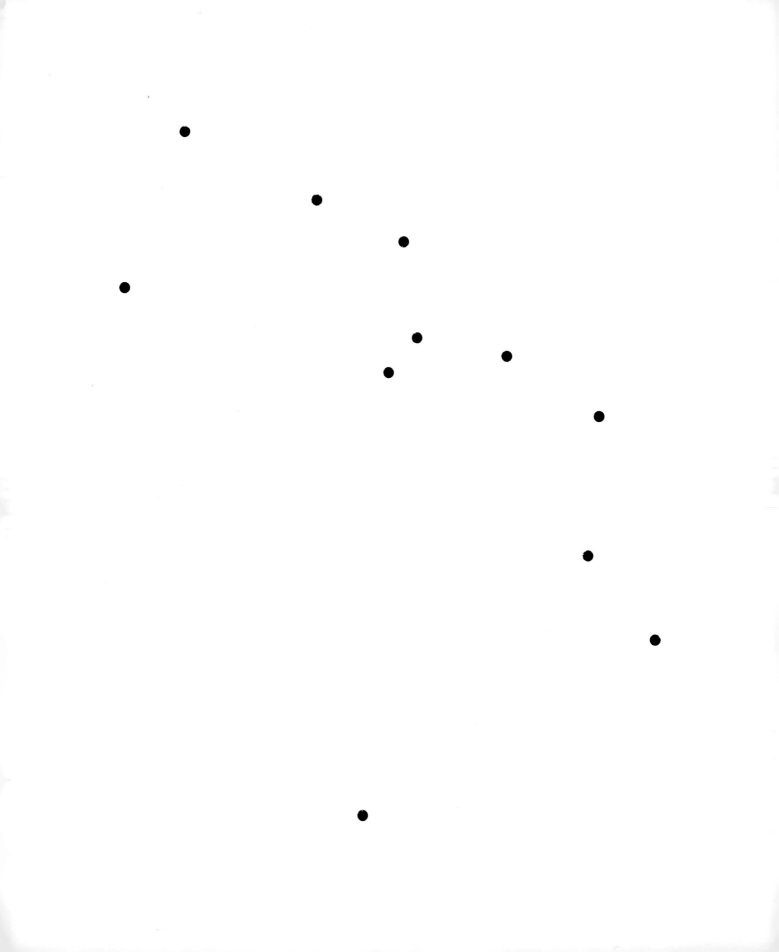

Vorwort

Preface

YoVA – *Young Viennese Architects* wurde als Initiative zur Förderung junger Wiener Architekturschaffender (unter 45 Jahre alt, zumindest ein realisiertes Projekt in Wien, Bürostandort Wien) erstmalig 2005 durchgeführt. Das ursprüngliche Konzept richtete sich ausschließlich an junge ArchitektInnen und umfasste eine Wanderausstellung mit einem Katalog. In dieser Form wurde *YoVA* drei Mal durchgeführt, die Ausstellung wurde in mehreren österreichischen, deutschen und mittelosteuropäischen Städten gezeigt. *YoVA4* war dem gegenüber erstmals auch für LandschaftsarchitektInnen geöffnet, drei Landschaftsarchitektur-Büros gelangten in die Auswahl; und *YoVA4* wird nicht mehr eine eigene Ausstellung sein, sondern neben der vorliegenden Buchpublikation in mehrere Ausstellungsaktivitäten der Stadt Wien integriert. Im November 2014 wählte die Jury unter dem Vorsitz von Bart Lootsma (Anna Detzlhofer, Alexandra Madreiter, Franz Kobermaier, Ruth Kertesz, Reinhard Wolfbeiszer, Lisi Wieser, Marion Gruber, Juri Troy und Daniel Zimmermann) aus den Einreichungen insgesamt elf Büros aus, die im Folgenden in Gesprächen und mit Darstellungen ihrer Arbeit präsentiert werden.

Die Publikation soll, stärker als das bisher der Fall war, die Verbindungen zwischen den Büros, die Gemeinsamkeiten und Unterschiede deutlich machen. Deshalb wurden insgesamt drei Werkstattgespräche mit jeweils drei bis vier der Büros geführt, in denen sie über ihre Arbeit und ihr Leben berichtet; und es gab eine Gesprächsrunde der Büros mit Vizebürgermeisterin Maria Vassilakou, gleichsam ein Interview, das die Büros mit ihr führten. Zusätzlich steuerten alle elf Büros eine Seite ihrer Selbstdarstellung zu einem gemeinsamen Thema bei: Stadt-Utopie Wien. Die sehr diversen Antworten auf diese breite thematische Vorgabe bieten einen guten Überblick über das Spektrum, das die elf Büros von *YoVA4* bilden.

Ein weiteres verbindendes Element zwischen den elf Büros ist die Gestaltung dieses Bandes: elf Bohrungen durch den Buchblock bilden die »vertikale Erschließung« der Publikation, sie strukturieren, bieten Überblick und verknüpfen die Darstellungen im Band, manchmal dienen sie auch als Anlass für inhaltliche Bezüge. So überraschend und besonders wie der durchlochte Buchblock ist das Werk der hier präsentierten Büros: Machen Sie sich ein Bild!

YoVA – *Young Viennese Architects* is an initiative to promote young Viennese professionals in architecture (under the age of 45, at least one project completed in Vienna, office headquarters in Vienna) that was first realized in 2005. The original concept focused exclusively on architects, and consisted of a traveling exhibition with a catalogue. *YoVA* was implemented three times this way, with the exhibition being shown in several Austrian, German, and Central/Eastern European cities. *YoVA4*, on the other hand, is also open to landscape architects, with three landscape architecture offices making it into the selection. *YoVA4* will no longer be a separate exhibition, but, in addition to this publication, will also be integrated into various exhibition activities of the City of Vienna. In November 2014, a jury chaired by Bart Lootsma (with members Anna Detzlhofer, Alexandra Madreiter, Franz Kobermaier, Ruth Kertesz, Reinhard Wolfbeiszer, Lisi Wieser, Marion Gruber, Juri Troy, and Daniel Zimmermann) selected a total of eleven offices from the submissions, which are presented here in interviews and with illustrations of their work.

This volume aims to put more emphasis on the connections between the offices, as well as their common features and differences. To this end, three workshop discussions were held, with three or four of the companies represented in each, where the architects and landscape architects talked about the details of their work and lives. A round table discussion was also held with Deputy Mayor Maria Vassilakou, who was, as it were, interviewed by the participants. In addition, each of the eleven offices contributed a profile page on a common theme: City Utopia Vienna. Their vastly diverse answers to this broad thematic agenda provide a good overview of the spectrum covered by the eleven *YoVA4* offices.

Another element unifying the eleven offices is this volume's design: eleven holes through the body of the book permit »vertical access« to the publication, they structure it, offer an overview, and link the volume's presentations to each other, and sometimes even cause thematic references. The work of the presented offices is as surprising and special as the perforated book block: See for yourself!

Robert Temel

ist selbstständiger Architektur- und Stadtforscher in Wien. Er studierte Architektur an der Universität für angewandte Kunst Wien und absolvierte das Postgraduate-Programm Soziologie am Institut für Höhere Studien in Wien.
Sein Forschungsinteresse dreht sich um die Nutzung und Herstellung von Architektur und Stadt mit Schwerpunkt auf Wohnbau, Stadtplanung und öffentlichen Raum.

is a freelance architecture and urban researcher. He studied architecture at the University of Applied Arts Vienna, and completed the Postgraduate Programme in Sociology at the Institute for Advanced Studies in Vienna.
His research interests center on the use and creation of architecture and cities, with a focus on residential building, urban development, and public space.

YoVA4

Gesprache
Talks

Werkstattgespräch 1
Studio Talk 1

Werkstattgespräch 2
Studio Talk 2

Werkstattgespräch 3
Studio Talk 3

Große Runde
Round Table Discussion

Utopien

Utopias

Die elf Büros von YoVA4 stellen auf elf Seiten dar, was für die Stadt-Utopie Wien bedeutet. Die Antworten reichen von rein textlichen bis zu rein visuellen Beiträgen, von planerischen, städtebaulichen bis zu landschaftsarchitektonischen und architektonischen Vorschlägen. Auch wenn viele der Utopien nicht an einen konkreten oder einen einzigen Ort gebunden sind, können sie doch alle in irgendeiner Weise am Wiener Stadtplan verortet werden. So ergibt sich eine Karte der Stadt-Utopien. Die elf Positionen der Utopien fixieren die Positionen der Bohrungen im Buchblock und erzeugen so die »vertikale Erschließung« dieses Bandes.

On eleven pages, the eleven YoVA4 offices present what City Utopia Vienna means to them. Their answers cover everything from purely textual or visual contributions to suggestions for planning, urban development, and landscape architecture. Although many of these utopias are not tied to a specific location, they can all be found on the Vienna city map in one way or the other. This results in a map of city utopias. These eleven utopian positions are tied to the position of the holes in the book, creating a »vertical access« to the volume.

Wien
Vienna

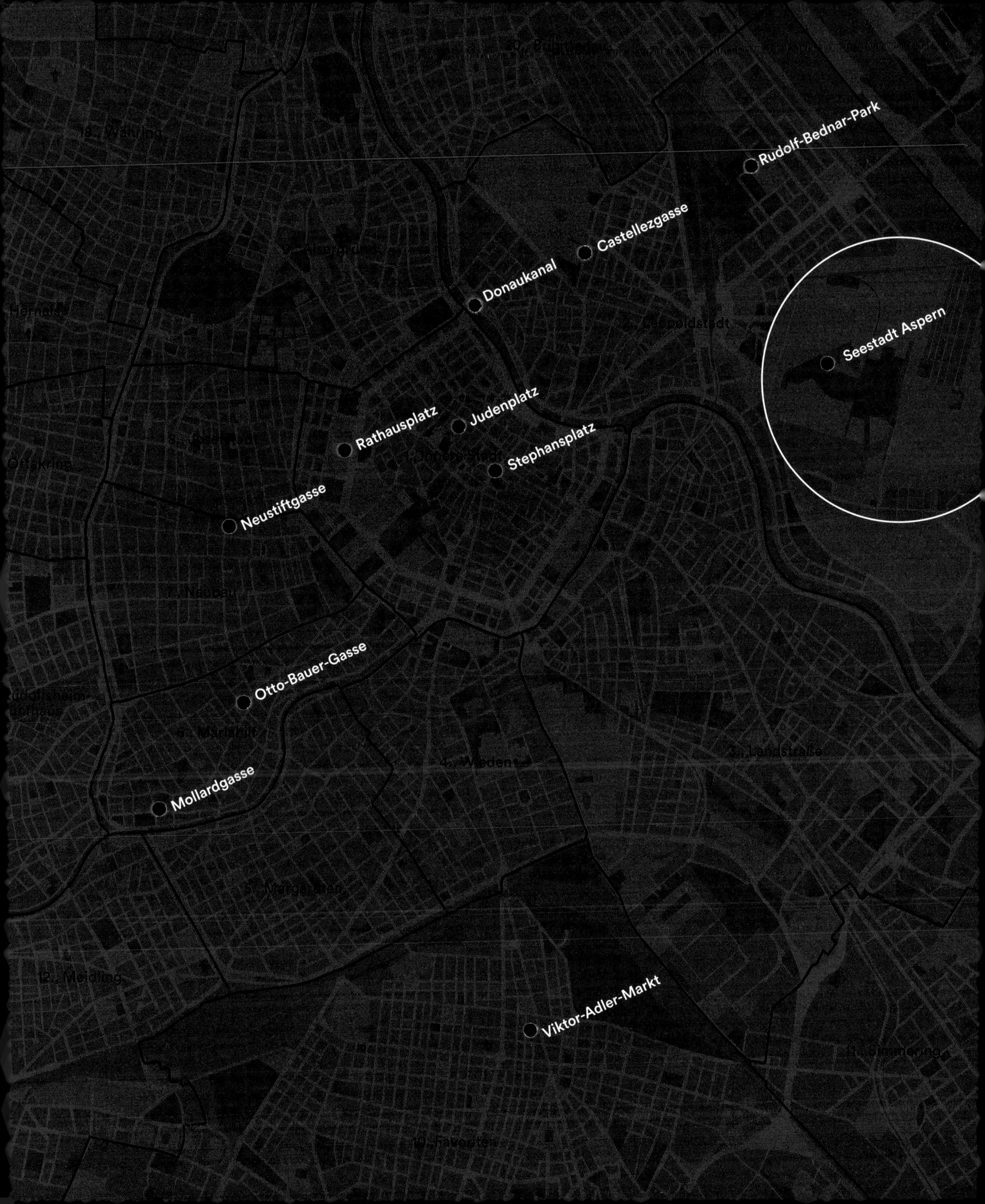

Rudolf-Bednar-Park

Castellezgasse

Donaukanal

2., Leopoldstadt

Seestadt Aspern

Rathausplatz

Judenplatz

Stephansplatz

Neustiftgasse

Neubau

Otto-Bauer-Gasse

6., Mariahilf

2., Landstraße

4., Wieden

Mollardgasse

5., Margareten

12., Meidling

Viktor-Adler-Markt

10., Favoriten

Jenseits der Pragmatik

Beyond Pragmatics

Bart Lootsma

Bart Lootsma ist Historiker, Theoretiker, Kritiker und Kurator auf den Gebieten Architektur, Design und bildende Künste. Er ist Universitätsprofessor für Architekturtheorie und Leiter des Instituts für Architekturtheorie und Baugeschichte an der Universität Innsbruck. Im November 2014 war er Vorsitzender der YoVa4-Jury.

is a historian, theoretician, critic, and curator in the fields of architecture, design, and visual arts. He is a Professor of Architectural Theory and Head of the Department of the Theory and History of Architecture at the University of Innsbruck. He was Chair of the YoVA Jury in November 2014.

YoVA4 ist selbstverständlich zuallererst eine Würdigung der ausgewählten Personen oder Ateliers für Leistungen, die diese bisher erbracht haben. Die Jury von YoVA4, ein Format entwickelt von der Magistratsabteilung 19 – Architektur und Stadtgestaltung der Stadt Wien, kürte elf Büros auf dem Feld der Architektur und Landschaftsarchitektur. Dabei handelt es sich um eine sehr heterogene Gruppe mit einer Vielfalt an Organisationsmodellen und Schwerpunkten. Nicht nur sind zum ersten Mal LandschaftsarchitektInnen in der Auswahl vertreten, auch abgesehen davon sind die Aufgaben, mit denen sich die Büros beschäftigen, extrem divers. Selbstverständlich gibt es noch Büros, die sich in erster Linie mit Einfamilienhäusern und Wohnungsbau präsentieren, aber mit dabei sind auch Projekte für Infrastruktur, den öffentlichen Raum, Interieurs, Installationen und sogar akademische Arbeiten wie Dissertationen und Bücher. Anders als es in den letzten Jahrzehnten üblich war, präsentieren sich die meisten Büros mit der Ausnahme von Lukas Göbl nicht in erster Linie als selbstbewusste KulturproduzentInnen und Alleskönner, sondern meistens als pragmatische DienstleisterInnen mit einer Expertise auf bestimmten Gebieten, wo sie sich beweisen möchten. Das kann Partizipation sein oder Infrastruktur, der öffentliche Raum oder das Interieur. Die Büroorganisationen passen sich nicht nur an die Aufgaben an, sondern, soweit das möglich ist, zunehmend auch an das Leben, das die ArchitektInnen führen wollen. Dieses Leben möchten sie und müssen sie, wie die Interviews in diesem Buch zeigen, mehr als früher weitgehend selbst gestalten. franz zum Beispiel präsentiert sich als Kollektiv mit einer flachen Hierarchie, wofür, um das Juryprotokoll zu paraphrasieren, Zusammenarbeit und Zusammenleben Programm und gleichzeitig Lebens- und Arbeitsmodell sind. Bei space-craft Architektur organisieren sich eine Landschaftsarchitektin und eine Architektin/Wissenschaftlerin, die sich auf Raumlösungen für extreme Bedingungen spezialisiert haben. Auch bei den LandschaftsarchitektInnen gibt es eine große Bandbreite an unterschiedlichen Praxen, von einem Büro wie idealice mit einem breiten, aber klassischen Portfolio, das sowohl Grünanlagen als auch Straßenmöbel umfasst, bis zu einem Büro wie bauchplan).(, das die Landschaft im weitesten Sinne als Träger für städtebauliche Entwicklungen sieht. Die ausgewählten Büros haben alle ihre eigenen spezifischen Talente und Qualitäten, die in den meisten Fällen kaum vergleichbar sind. Die Jury konnte sie aber alle würdigen.

Die Würdigung der PreisträgerInnen ist aber nicht der wichtigste Aspekt von YoVA4. Diese Würdigung ist vor allem auch ein Signal an die Öffentlichkeit. Sie zeigt, was eine Organisation und ihre Jury als beispielhaft für Architektur und Landschaftsarchitektur sehen. Dieser Aspekt wird noch wichtiger, wenn es sich um eine Auszeichnung für junge ArchitektInnen handelt und somit nicht nur eine Persönlichkeit ausgewählt wird, sondern eine ganze Gruppe. Das ist bei Young Viennese Architects and Landscape Architects der Fall. YoVA ist in der vierten Auflage nun zum ersten Mal auch dezidiert für LandschaftsarchitektInnen geöffnet. Damit zeigt sich, dass die Stadt Wien, vertreten durch Vizebürgermeisterin Maria Vassilakou, der Meinung ist, dieser Bereich werde in der Wiener Stadtgestaltung zunehmend wichtiger. Das stimmt mit den ersten beiden von zehn Thesen überein, die sie nach ihrem Amtsantritt im Februar 2011 im Architekturzentrum Wien präsentierte: mehr Grün und Freiräume im dicht verbauten Gebiet, um zu verhindern, dass junge Eltern ins Umland ziehen, und Aufwertung des öffentlichen

YoVA4 is, of course, first and foremost an acknowledgement of the past achievements of the selected people and studios. The jury of YoVA4, a format developed by the City of Vienna's Municipal Department 19 – Architecture and Urban Design, selected eleven offices from the fields of architecture and landscape architecture. These form a highly heterogeneous group with a variety of organizational models and core areas. Not only does the selection include landscape architects for the first time, but also the challenges the different offices address are extremely diverse. Naturally, there are offices that present themselves mainly with single-family homes and housing projects, but there are also many projects in infrastructure, public space, interiors, installations, and even academic works like dissertations and books. In contrast to the general practice of the past decades, most offices, with the exception of Lukas Göbl, do not present themselves primarily as self-assured cultural practitioners and all-rounders, but instead as pragmatic service providers with an expert knowledge in the specific field in which they aim to prove themselves. This may be participation or infrastructure, public space or interiors. The offices' organizational structure not only adapts to the task, but increasingly, as far as possible, also to the lives the architects choose to lead. As the interviews collected in this book show, they increasingly not only want to, but also have to shape these lives themselves. franz, for instance, present themselves as a collective with a level organizational hierarchy, for whom, to paraphrase the jury's protocol, collaboration and living together are an agenda as well as a model of living and working. space-craft Architektur unites a landscape architect and an architect/researcher; both women have specialized in spatial solutions for extreme conditions. Among the landscape architects, there is also a wide spectrum of diverse practices, from an office like idealice with a broad but traditional portfolio that includes green spaces and street furniture, to an office like bauchplan).(that, in the broadest sense, sees landscapes as a medium for urban development. The selected offices all have their specific talents and merits, which makes comparison nearly impossible in most cases. Nevertheless, the jury has honored them all.

Honoring the award winners, however, is not the most important aspect of YoVA4. The acknowledgment is, above all, a signal to the public. It shows what an organization and its jury consider to be exemplary in architecture and landscape design. This aspect is even more important in an award for young architects, and the reason why not one individual is chosen but a whole group as is the case with Young Viennese Architects and Landscape Architects. In its fourth edition, YoVA is now, for the first time, also explicitly open to landscape architects. This shows that the City of Vienna, represented by Deputy Mayor Maria Vassilakou, thinks that the field will become an increasingly important sector of Viennese urban design. This coincides with the first two of ten theses she presented at the Architekturzentrum Wien after taking office in February 2011: more green and open space in densely built-up areas to keep young parents from moving into the periphery, as well

Raums in der Stadt. Dabei handelt es sich um ein Programm, das in den letzten Jahrzehnten viele europäische Städte durchzuführen versuchen, nicht zuletzt auch, um die Automobilität zu verringern, der Zersiedlung entgegenzuwirken und in der Konkurrenz mit Shopping Malls außerhalb der Stadtgrenzen stärker zu werden. Wichtig wäre jetzt nicht nur, diesen Rückstand aufzuholen, sondern auch rechtzeitig jene Fragen zu stellen, die für die Stadt zukunftsweisend sein können. Gerade darin ist YoVA4 wichtig, denn wenn wir an den üblichen Zeithorizont von Landschaftsarchitektur und Städtebau denken, werden Wien und Österreich als Ganzes eine neue Generation von AkteurInnen brauchen, um diese Fragen nicht nur zu stellen, sondern auch die Antworten und Perspektiven auszuarbeiten. Dass die Stadt Wien damit relativ spät beginnt, ist nicht verwunderlich. Seit dem Fall des Eisernen Vorhangs 1989 hat Wien sich enorm verändert. Von einer Stadt am äußersten Rande Westeuropas wurde sie zu einem neuen Zentrum und Sprungbrett in eine sich rasant verändernde Welt im Osten. Die Mitgliedschaft in der EU ab 1995 bedeutete auf eine andere Art die Aufhebung der jahrelangen Isolation Österreichs. Wien gewann neues wirtschaftliches Potenzial, die Bevölkerung begann wieder zu wachsen. Von einer Stadt, die laut Boris Podrecca, »fertig« war und die, laut Dietmar Steiner, von wenigen Ausnahmen abgesehen nur akribische, »kleine, stille Architektur« ermöglichte, verwandelte sich Wien in ein Zentrum mit sich weiterentwickelnder Architektur und Stadtplanung. Aufgrund des Wachstums wurden, anschließend an bestehende Siedlungskerne und der historischen Parzellierung der Landschaft folgend, ganze Serien von neuen Siedlungen gebaut. Über die Architektur entschied man in Wettbewerben. Heute wirken diese Siedlungen im Dialog mit der Agrarlandschaft und kleinteiliger Industrie wie ein feingliedriges, postmodernes Patchwork. So hat Wien überraschend schnell auf Veränderungen in der Gesellschaft reagiert und der Individualisierung ihren Platz gegeben. Einfach war dieser Übergang nicht immer, aber es wurden neue Instrumente eingeführt, um die ArchitektInnen

as upgrading public space in the city. This is a concept that many European cities have attempted to implement over the past decades, aiming to reduce automobility, to counteract urban sprawl, and to compete with shopping malls outside the city limits. Now, it is not only important to rectify this deficit, but also to ask the questions necessary to set trends for the city. In this context, YoVA4 is particularly important because, considering the usual timeline of landscape architecture and urban development, Vienna and all of Austria will need a new generation of actors, not only to ask these questions, but also to explore answers and perspectives. The fact that the City of Vienna is starting this process at a relatively late date comes as no surprise. Since the fall of the Iron Curtain in 1989, Vienna has experienced enormous change. From a city at the far edge of Western Europe, it has turned into a new center and a springboard to the rapidly changing world of Eastern Europe. Austria's EU membership, in 1995, lifted its long-standing isolation in a very different way. Vienna gained new economic potential, its population started to grow again. From a city that, according to Boris Podrecca, was »finished«, and according to Dietmar Steiner only permitted »small, quiet architecture«, with a few exceptions, Vienna has transformed into a center with a continually evolving architectural and urban development scene. Because of its growth, whole series of new residential developments were built next to existing residential nuclei, reflecting the historic parceling of the landscape. Their architecture was determined by competitions. Today, the dialogue of these housing estates with the agrarian landscape and small-scale industry resembles a delicate, postmodern patchwork. Vienna has thus reacted surprisingly quickly to changes in society by making room for individualization. The transition was not always easy, but new instruments were introduced to

beim plötzlichen Maßstabssprung zu unterstützen. Das war in den 1980er Jahren die Gesellschaft für Wohnungs-, Wirtschafts- und Verkehrswesen (GWV) und ab Mitte der 1990er Jahre der Bauträgerwettbewerb↑. Alles im allem handelte es sich dabei um eine sehr architektonische Strategie, die eine Zeit lang gut funktionierte, weil vieles schon vorhanden war.

Inzwischen ist Wien schon seit Jahren in vielen Rankings eine der attraktivsten Städte mit höchster Lebensqualität. Das heißt auch, dass die Stadt sich weiter entwickeln wird. Damit hat sich der Kontext, in dem politische Entscheidungen getroffen werden und in dem die Stadtverwaltung agiert, drastisch geändert. Das betrifft vor allem auch den Kontext, in dem Archi- tektur entsteht. Anders als in einer Zeit, in der jede Initiative oder Investition umarmt werden musste, sollte die Stadt jetzt kritischer mit Initiativen umgehen und eher versuchen, sie zu lenken. Eine rein architektonische Strategie reicht nicht mehr aus, denn es geht nun um kleinere und größere Zusammen- hänge: Zusammenhänge zwischen Gebäuden und öffentlichem Raum zum Beispiel, programmatische und vor allem größere städtebauliche und regionalplanerische Zusammenhänge. Dazu fehlen aber die Instrumente, oder, wie Rupert Halbartschlager von bauchplan).(es an anderer Stelle in diesem Buch formu- liert: es gibt nichts rechtlich Verbindliches zwischen der Ebene des Bebauungsplans und des Stadtentwicklungsplans↑. Selbst- verständlich ist es nicht möglich, eine solche Zwischenebene über Nacht einzuführen. Dafür fehlen konkrete Vorstellungen und MitarbeiterInnen. Stadtgrenzenüberschreitende Regional- planung gibt es kaum. Kein Wunder, dass die verantwortliche Politikerin sich öffnen will für Fachleute, die »mehr und lauter« konkrete Lösungen einfordern«, insbesondere jene jungen Archi- tektInnen, die in den bisher vier Etappen von Young Viennese Architects versammelt sind.

Klarerweise ist es äußerst wichtig, städtebauliche Expertise (wieder) aufzubauen, um Wien nachhaltig zu gestalten. Es geht dabei vielleicht weniger um konkrete Lösungen, sondern eher um einen Kulturwandel und eine geschickte Anpassung von juristischen Strukturen – oder umgekehrt. Ein Kulturwandel kann gesetzliche Anpassungen ermöglichen, und der gesetz- liche Rahmen hat großen Einfluss auf die Baukultur. Ein solcher Kulturwandel ist nicht nur für Politik und Beamte notwendig, sondern auch für die ArchitektInnen selbst. Es ist vielleicht eine Errungenschaft, dass mittlerweile viele Aufträge über Wettbewerbe zustande kommen, aber dies führte auch zu einer Situation, in der ArchitektInnen heute fast nur noch auf Teil- nahme, Gewinnen und Realisierung von Wettbewerben fixiert sind. Das erklärt nicht nur die große Bandbreite an Positionen in YoVA4, sondern auch die weitgehend pragmatische Attitude vieler Büros. Die ArchitektInnen können gut erklären, was sie im Rahmen bestimmter Aufträge leisten und bewirken können, aber das klassische Bewusstsein des Architekten, auch einen Beitrag für die Weiterentwicklung der Stadt liefern zu können, ist kaum präsent. Man ist es nicht mehr gewohnt, über den Wettbewerb hinaus zu denken, obwohl das doch ein wichtiger Existenzgrund der Architektur ist. ArchitektInnen werden zwar bezahlt durch ihre AuftraggeberInnen, aber sie müssen diese von gesellschaftlichen Interessen im Kontext ihrer Projekte über- zeugen. Eine der größten Errungenschaften von Architektur und Städtebau im 20. Jahrhundert war die ständige Diskussion unter ArchitektInnen und das ständige Experimentieren mit zukunfts- gerechten Entwurfsmethoden. Dabei ging es nicht nur um das

support architects in making this sudden leap in scale: in the 1980s the Gesellschaft für Wohnungs-, Wirtschafts- und Verkehrswesen (GWV), and from the mid-1990s the developer competitions↑. All in all, this was a very archi- tecture-oriented strategy that functioned well for a time, because many elements were already in place.

In the meantime, Vienna has been awarded top marks in numerous rankings of the most attractive cities with the highest quality of living, which means that the city will continue to develop. This has drastically changed the context in which political decisions are taken and in which the city government acts. This also particularly applies to the context in which architecture is created. As opposed to the times when any initiative or investment had to be embraced, the city now needs be more critical of initia- tives and attempt to regulate them. A purely architectural strategy is no longer sufficient any more. Today, smaller and larger contexts are at stake: the connections between buildings and public space for instance, or programmatic and above all broader urban development and regional planning connections. There are, however, no instruments for this task, or, as Rupert Halbartschlager of bauchplan).(puts it elsewhere in this book: There is no legally binding level between the land-use plan and the city develop- ment plan↑. Clearly, it is not possible to implement such an intermediate level overnight. For that, the city lacks a concrete concept and employees. There is hardly any regional planning beyond the city limits. No wonder, then, that responsible politicians want to open up to experts who will »more urgently« demand concrete solutions«, in particular to the young architects assembled thus far in the four installments of Young Viennese Architects.

Clearly, it is vitally important to (re)build urban develop- ment expertise in order to develop Vienna in a sustainable fashion. The issue may be less about concrete solutions but rather about a change in culture and a skillful adjust- ment of legal structures – or vice versa. A change of culture may facilitate legal amendments, and the legal framework strongly influences building culture. Such a change of culture not only needs to take place in politics and amongst civil servants, but also amongst architects. It may have been an achievement that currently many contracts are concluded after competitions, but this has also led to a situation in which architects nearly exclu- sively focus on participating in, winning, and realizing competitions. This not only explains the broad spectrum of approaches represented in YoVA4, but also the largely pragmatic attitude of many offices. The architects are good at explaining what they can achieve within a frame- work of individual tasks, but the traditional consciousness of what an architect is able to contribute to the develop- ment of the city as a whole is rare. Designers are no longer used to thinking beyond the competition, even though it constitutes an important part of the meaning of archi- tecture. Architects are paid by their clients, but they still need to convince them of the societal interests surround- ing their projects. One of the biggest achievements of architecture and urban development in the 20th century was the continual discussion amongst architects, and the ongoing experimentation with promising design methods.

Erforschen von neuen Gebäuden und neuen Stilrichtungen, sondern vor allem auch um das Erforschen neuer Programme. Im Laufe 20. Jahrhunderts wurden auch unterschiedlichste Partizipationsprozesse entwickelt. Genau dieser Teil der städtebaulichen und architektonischen Aufgabe wird heute bereits vor der Ausschreibung eines Wettbewerbs zumeist auf vollkommen intransparente Weise erledigt. In der Ausschreibung liegen dann Programm und Rahmenbedingungen schon weitgehend fest. Damit haben ArchitektInnen, fast ohne es zu merken, einen Großteil ihres Potenzials aufgegeben. Gleichzeitig sind Partizipationsprozesse erheblich schwieriger geworden.

Im Sinne der beschriebenen Weiterentwicklung wäre es auch wichtig, dass *YoVA4* neben LandschaftsarchitektInnen auch für StädtebauerInnen und RaumplanerInnen zugänglich wird. Darüber hinaus wäre es vielleicht empfehlenswert, wenn die Stadt eine Serie städtebaulicher Ideenwettbewerbe durchführte, bei denen es natürlich nicht direkt um die Ausführung ging, sondern darum, eine öffentliche Debatte über Themen, Probleme und Potenziale zu führen, die in 20 bis 25 Jahren wichtig sein werden. Solche Themen könnten dann im Rahmen einer Ausstellung präsentiert und im Rahmen eines Symposiums in einem kulturellen Kontext diskutiert werden. Essenziell dabei ist, dass österreichische und internationale Büros nebeneinander an den gleichen Aufgaben arbeiten. Die Politik kann dabei die Reaktionen in der Öffentlichkeit beobachten und sie gegeneinander abwägen, ohne direkt an diesen oder jenen Vorschlag gebunden zu sein. Danach kann man überlegen, wie dieser oder jener Vorschlag umgesetzt werden kann. Nur so können Gesellschaft, Landschaft, Städtebau und Architektur wieder jenes Verhältnis zueinander aufbauen, das im Moment fehlt.

Besides exploring new buildings and styles, designers mainly focused on different participatory procedures. It is exactly this element of urban development and architecture that is now generally carried out in an extremely non-transparent fashion, even before a competition is announced. In the competition announcement, the program and framework are already more or less defined. This means that, without realizing it, architects have relinquished a large part of their potential. At the same time, participation procedures have become considerably more difficult.

In terms of the development described here, it would also be important that *YoVA4* be opened to urban developers and planners besides landscape architects. In addition, it might be advisable for the city to organize a series of urban development concept competitions, which would naturally focus not primarily on implementation but on initiating a public debate on issues, problems, and potentials that will be crucial in 20 to 25 years. Such issues could be presented in an exhibition and their cultural context discussed in a conference. It is essential that Austrian and international architects work side-by-side on the same tasks. Politics could thus monitor the public's reactions and balance them without being bound to one or the other proposal. In the next step, possibilities for the implementation of one or the other proposal can be deliberated. This is the only way in which society, landscape, urban development, and architecture may rebuild a relationship that is currently missing.

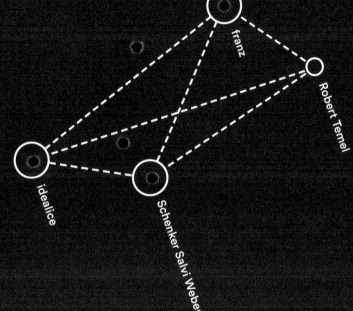

franz

Robert Temel

idealice

Schenker Salvi Weber

»Es gibt eine neue, spannende Phase«

»There is a new, exciting phase«

Werkstattgespräch 1
Studio Talk 1

22. Jänner 2015
Büro idealice
Lerchenfelder Straße 124-126
1080 Wien

Mit idealice (Alice Größinger, Srdan Ivkovic), franz (Robert Diem, Erwin Stättner), Schenker Salvi Weber (Michael Salvi, Thomas Weber), Moderation: Robert Temel

With idealice (Alice Größinger, Srdan Ivkovic), franz (Robert Diem, Erwin Stättner), Schenker Salvi Weber (Michael Salvi, Thomas Weber), Host: Robert Temel

↑ Glossar S. 2
↑ Glossary p. 2

Wie ist eure Lebenssituation? Wie schafft ihr es, den Beruf mit eurem Privatleben zu vereinbaren?

Robert Diem, franz   Ich sehe derzeit die Vorteile des Selbstständigseins. Ich bin mit meiner Tochter jeden Vormittag im Kindergarten beim Eingewöhnen, ohne dass ich mir dafür Urlaub nehmen müsste. Aber ich weiß natürlich aus der Vergangenheit, wie wir am Anfang kämpft und viele Wochenenden gearbeitet haben. Da gab es immer ein schlechtes Gewissen: Zu Hause, weil ich gerade nicht gearbeitet habe; und im Büro, weil ich gerade nicht zu Hause war.

Alice Größinger, idealice   Ich führe mein Büro alleine. Durch den Zeitaufwand für den Beruf ist eine lange Beziehung zu Ende gegangen, und zum Kinderkriegen hatte ich auch nie Zeit. Als Frau steht man da noch einmal mehr unter Druck, muss noch mehr beweisen. In den ersten Jahren der Arbeit war das natürlich lustig und interessant, wir haben die Nächte durchgemacht, wir hatten Spaß, wir gingen auf Partys, zu Veranstaltungen, das war eine aufregende Zeit. Jetzt muss ich sagen: Natürlich ist es toll, alles selbst bestimmen zu können. Aber man ist in gewisser Weise auch Sklave der Auftraggeber. Und ich will auch nicht mehr jeden zweiten Tag bis Mitternacht arbeiten. Dazu kommt, dass LandschaftsarchitektInnen so wenig verdienen.

Robert Diem, franz   Ich lebe jetzt in einer sehr traditionellen, fast konservativen Familienkonstellation, meine Frau ist dankenswerterweise die ersten zwei, drei Jahre bei den Kindern, sonst ginge das alles viel schlechter. Und ich habe den Vorteil eines Büropartners, ich bin nicht allein an der Spitze.

Thomas Weber, Schenker Salvi Weber   Für mich war das letzte Jahr das schlimmste im Hinblick auf die Verbindung von Beruf und Familie. Wir hatten das Glück, ein großes Projekt zu gewinnen, und ich habe die Projektleitung übernommen – damit wurde ab der Vertragsunterzeichnung das Leben vom Projekt diktiert. Gleichzeitig bin ich gerade Vater geworden, immer bis Mitternacht arbeiten ist jetzt schwierig. Ich gehe auch kaum mehr auf Veranstaltungen. Meine Zeit selber einteilen kann ich derzeit nicht.

Michael Salvi, Schenker Salvi Weber   Ich verstehe das, aber ich bin jetzt in einer anderen Situation, weil unsere Kinder schon älter, 10 und 8 Jahre, sind. Die Phase der Veränderung ist vorbei und meine Freundin und ich haben einen Rhythmus gefunden – wir haben lange genug darüber gestritten. Meine Freundin ist auch selbstständig und führt allein ihr eigenes Büro, sie hat für einige Zeit das Arbeiten reduziert, aber jetzt geht es wieder mehr. Natürlich war die Zeit bis zum Gründen unseres eigenen Ateliers schwierig und auch schön, wenn wir am Samstag am Küchentisch nebenbei Wettbewerbe gezeichnet haben, weil wir auch noch einen Job in einem Architekturbüro hatten. Heute bietet die Bürostruktur einen Rahmen, es gibt Mitarbeiter und die Projekte funktionieren. Das ist ein Glück, weil sonst wäre es nicht erstrebenswert, Architektur zu machen.

Robert Diem, franz   Durch die Kinder habe ich jedenfalls die Erkenntnis gewonnen, dass es auch geht, wenn man um 6 Uhr zu Hause ist. Es braucht diesen Druck, damit ist man gezwungen, sich besser zu organisieren.

What is your living situation like? How do you manage to balance your personal life and your career?

Robert Diem, franz   Right now, I see the advantages of being self-employed. I can be with my daughter every morning to help her get used to kindergarten without having to use up my vacation time. But I certainly know how hard we struggled to get started in the past, and how many weekends we have worked. I always had a bad conscience: both at home, because I wasn't working, and at the office, because I wasn't at home.

Alice Größinger, idealice   I run my office alone. My long-term relationship ended because of the amount of time I spent working, and I never had time to have children. As a woman, you are under even more pressure, and have to prove even more. During my first years of work, it was fun and interesting, we worked all night long, had fun, went to parties and events; it was an exciting time. Now I have to say that of course it's great to be able to decide everything yourself. But, in a way, you are also still a slave to the clients. And I don't want to work until midnight every other day. On top of all this, landscape architects earn very little.

Robert Diem, franz   I currently live in a very traditional, almost conservative family structure. Fortunately, my wife takes care of the children for the first two or three years, otherwise everything would be a lot harder. And I also benefit from having a partner in the firm, so I don't have to manage it alone.

Thomas Weber, Schenker Salvi Weber   For me, last year was the worst in terms of balancing work and family. We were lucky enough to win a big project, and I took over as project manager – and then, as soon as the contract was signed, my life was dictated by the project. At the same time, I had just become a father, so working until midnight every night is difficult. I hardly go to events anymore. Right now, I just can't spend my time however I like.

Michael Salvi, Schenker Salvi Weber   I can understand that, but I am in a different situation now since our children are older, 10 and 8 years old. The transition period is over and my girlfriend and I have found a rhythm – although we did argue about it long enough. My girlfriend is self-employed as well and runs her office by herself. For a while she worked fewer hours, but now she is able to do more again. Of course, things were difficult up to the time we started our own firm, although nice too, because we would work on competition entries at the kitchen table on Saturdays, since we still had jobs in an architecture office. Today, the office structure provides a framework; we have employees and the projects are going smoothly. This is fortunate, because otherwise doing architecture wouldn't be worth it.

Robert Diem, franz   Thanks to the kids, I've at least learned that it's possible to be home by 6 o'clock. It's a pressure that forces you to organize yourself better.

Wie sieht es im Vergleich dazu mit der Lebenssituation derjenigen aus, die eure Gebäude und Freiräume nützen? Wie viel wisst Ihr über eure NutzerInnen? Und woher wisst ihr es?

Robert Diem, franz   Wir haben zwei Kategorien von Auftraggebern. Einerseits Einfamilienhäuser, aber da haben wir nur solche gemacht, wo wir selber Nutzer sind, und andererseits öffentliche Bauherren, wo man mit den Nutzern nie Kontakt hat, wobei die natürlich interessante Ansprechpartner wären. Der Kontakt mit den Nutzern wird oft vom Auftraggeber unterbunden oder auf die Verwaltungsebene beschränkt. Wenn es Gespräche mit Nutzern gibt, sollten die möglichst früh stattfinden, damit die Ergebnisse einfließen können. Ein Pflegeheim zum Beispiel ist eine sehr eingeengte Aufgabe, wo der Auftraggeber meist genau weiß, was er will. Ich bin mir nicht so sicher, ob das immer das Richtige ist, aber es gibt keine Möglichkeit, mit Nutzern zu reden. Das sind vorgefertigte Aufgabenstellungen, die jahrzehntelang nicht hinterfragt werden.

Alice Größinger, idealice   Mein Auftraggeber bei einem Krankenhausprojekt ist der Architekt, dann gibt es den Projektsteuerer↑, die fachliche Direktion aus drei Personen, die Bauabteilung, da sind ziemlich viele einbezogen. Da reden wir mit Nutzern, zum Beispiel mit einem Arzt über Allergene, mit einem Psychologen über den Psychiatriegarten, aber nicht mit Patienten oder den dort Arbeitenden.

Thomas Weber, Schenker Salvi Weber   Ich sehe das diverser. Ich will zum Nutzer, aber erst später, nicht am Anfang, etwa bei einem Wettbewerb. Wenn man den Wettbewerb gewinnt, dann kommt der Nutzerkontakt. Wir planen zum Beispiel gerade ein Behindertenheim in der Schweiz, da sind wir hingefahren und haben den Betrieb einen Tag lang mitverfolgt. Dabei wurden Bedürfnisse sichtbar und die vorher formulierten Anforderungen erlebbar. Aber wir planen auch ein Bürogebäude, da bin ich froh, wenn wir keine Nutzergespräche führen müssen.

Robert Diem, franz   Ich finde gut, dass du das so offen sagst. Partizipation ist nicht immer nur gut. Bei einem Projekt hatte ich Gespräche mit den Abteilungen: Wenn da der eine ein Waschbecken will, wollen es alle anderen auch. Interessanter wäre ja anderes: Welche Atmosphäre braucht es, wie wird abteilungsübergreifend zusammengearbeitet? Aber ist das unsere Aufgabe oder jene der Auftraggeber, das aufzubereiten?

Michael Salvi, Schenker Salvi Weber   Bei unserem Behindertenheim wollten die Nutzer dann eine Tanzfläche und eine Wodkabar, was uns sehr sympathisch war. Ich habe in der Schweiz die Erfahrung gemacht, dass es gewöhnlich eine Baukommission aus acht Leuten gibt, da sind aus jeder Abteilung Nutzer dabei. Bei einer ähnlich großen Gemeinde in Österreich ist der Bürgermeister allein der Ansprechpartner, und in diesem Fall ist das ein Glück, weil der kompetent entscheidet und weiß, was für seine Gemeinde gut ist. Bei entscheidungsfähigen Leuten, mit denen du einen Dialog führst, die auf Vorschläge eingehen können, eine Gegenmeinung haben, Sachen gemeinsam ausloten – da ist es einfacher, wenn man nur ein Gegenüber hat und nicht zehn.

How does it compare to the lifestyle of the people who use your buildings and open spaces? How much do you know about your users? And how did you find it out?

Robert Diem, franz   We have two kinds of clients. There's single-family homes, although we've only ever worked on ones where we ourselves are the users, and then there's the publicly funded projects, where you never have any contact with the users, though they would, of course, be interesting to work with. Connecting with users is often prevented by the contracting authority, or limited to an administrative level. If you do get to conduct interviews with users, it needs to be done as early as possible so that the results can be incorporated into the project. A nursing home, for example, has a very narrowly defined program and the clients usually know exactly what they want. I'm not sure if that's always right, but there's no opportunity to talk to the users. This is a preset pattern that hasn't been questioned for decades.

Alice Größinger, idealice   For a hospital project, my client is the architect, then there is a project manager↑, a three-person administrative team, and the building department. Quite a few people are involved. We talk to users, to a doctor about allergens, for example, or with a psychologist about a psychiatric healing garden, but we don't talk to the patients or the staff.

Thomas Weber, Schenker Salvi Weber   For me, it varies. I want to get to the user, but later on, not at the beginning, as in a competition, for example. After you win the competition, then there's user contact. For example, we are now designing a home for the disabled in Switzerland, so we drove there and spent a day observing how it operates. This way, we could see what was needed and the program requirements formulated ahead of time became tangible. However, we're also designing an office building, and for that project, I'll be glad if I don't have to interview any users.

Robert Diem, franz   I think it's good that you say that so openly. Participation is not always good. In one project, I had conversations with the various departments: if one person wants a sink, everyone else wants one too. It would be interesting if it were different: what kind of atmosphere is necessary to encourage interdepartmental work? However, is it our job to work that out, or that of the client?

Michael Salvi, Schenker Salvi Weber   For our home for the disabled, the users wanted a dance floor and a vodka bar, which we found very nice. In Switzerland, my experience has been that a construction committee is usually formed of eight people, including users from each department. In an Austrian town of the same size, the mayor is our only contact partner. In this case it's a good thing, because he can make responsible decisions and knows what is good for the community. When the decision makers, the people with whom you engage in dialogue, can respond to your ideas, have a different opinion, or explore things together – then it's easier to have only one counterpart instead of ten.

idealice [3] [5]

franz [2] [4]

Schenker Salvi Weber [6] [7]

Wie wesentlich ist Kooperation für eure Arbeit? Mit wem kooperiert ihr, welche Ziele verfolgt ihr mit Kooperation?

Robert Diem, franz   Wir machen viele Wettbewerbe und halten nichts davon, schon in dieser Phase Fachplaner einzubeziehen. Das wird zwar immer gefordert, ist aber fast nie entscheidungsrelevant, und es gibt auch die entsprechenden Experten nicht in der Jury. Bei der Freiraumplanung ist das noch eher sinnvoll. Nach dem Wettbewerb ist die Zusammenarbeit mit Fachplanern natürlich sehr wichtig. Unser wichtigstes Kooperationsforum ist der Fightclub ↑, wo wir uns regelmäßig treffen, um bei einem Bier aktuelle Projekte zu diskutieren und Feedback zu bekommen. Wir wollen außerdem bei einem Wettbewerb austesten, wie wir mit einem anderen Büro zusammen ein Projekt erarbeiten – um die Arbeitsweise anderer Büros kennenzulernen.

Thomas Weber, Schenker Salvi Weber   Ich glaube, dass es abgesehen vom Wettbewerb sehr wichtig ist für Architekten, an Vernetzung zu denken, etwa beim Thema Akquise. Wir haben inzwischen Fachplaner, mit denen wir kontinuierlich und gern zusammenarbeiten und deren Kompetenz wir schätzen. Es muss auf unserer Website ersichtlich sein, mit wem wir kooperieren, beispielsweise für Bauträger.

Alice Größinger, idealice   Meine Liste zu dem Thema ist ewig lang. Wir kooperieren Landschaftsarchitektur-intern, arbeiten mit Partnerbüros zusammen und tauschen sogar Mitarbeiter. Wenn jemand woanders gerade nicht gebraucht wird und bei mir schon, ist es möglich, dass der wechselt. Und dann gibt es das Netzwerk der ÖGLA ↑, die Zolltexte ↑, Kampolerta ↑. Natürlich die Kooperation mit Architekten, wenn wir bei Wettbewerben oder Aufträgen dabei sind. Wir gehören auch zu Netzwerken wie IG-Architektur ↑ oder den Architekturtagen ↑, wo es alle zwei Jahre ein Fest mit Pecha-Kucha-Vorträgen gibt. Ich engagiere mich im Arbeitskreis Schulfreiräume beim ÖISS ↑. Und natürlich kooperieren wir auch mit Firmen.

Michael Salvi, Schenker Salvi Weber   Es gibt einerseits das Teamwork, die Zusammenarbeit auch mit Konkurrenten, etwa im Fightclub, das bewundere ich sehr. Und es gibt Institutionen und Vereine: Ich habe mir schon oft überlegt, wir müssten zur ÖGFA ↑, zur IG-Architektur, zur ZV ↑ gehen und mittun. Auch mit Architektenkollegen ist es wichtig, sich zu vernetzen, da kriegt man zwar keinen Auftrag, aber man lernt voneinander. Was man der älteren Generation vielleicht vorwerfen kann: Dass dann aus so etwas Seilschaften entstanden sind, die den Zugang zu Aufträgen kontrollieren.

Robert Diem, franz   Das ist eine spannende Frage: Wer von uns wird später die Positionen übernehmen, die jetzt die 60-Jährigen haben? Bei uns ist das institutionelle Vernetzen auch aktuell, mein Partner ist jetzt im Wettbewerbsausschuss in der Kammer ↑, die vor fünf Jahren noch unser großes Feindbild war. Ich war bei Orte Niederösterreich ↑, habe das aber zurückgelegt, als ich Vater geworden bin.

Alice Größinger, idealice   Da geht es um Austausch, aber auch um Aufträge und darum, an Rahmenbedingungen für die Branche zu arbeiten. Meinen ersten Auftrag von der BIG ↑ habe ich bekommen, weil ich im Arbeitskreis Schulfreiräume aktiv war, vorher hat die BIG ↑ keine Freiraumaufträge für Schulen vergeben. Seither schon.

Sollen sich (Landschafts-)Architekturbüros spezialisieren? Und wie positioniert man sich heute als Büro?

Michael Salvi, Schenker Salvi Weber   Wir haben kürzlich darüber diskutiert, dass man sich nicht nur über Wettbewerbe positioniert, sondern auch über die Mitarbeiter mit ihrer

How important is collaboration to your work? Who do you collaborate with, and what goals do you strive for in collaboration?

Robert Diem, franz   We do a lot of competitions and don't believe in involving technical consultants at that early phase. It's always required of course, but it's almost never relevant to the decision-making process, and there are no corresponding technical experts on the jury. It is, however, useful for designing public space. Our most important collaboration forum is the Fightclub ↑, where we meet regularly to talk about projects and get feedback over a beer. We also want to test how we work together on a project with another firm, in order to get to know how other offices work.

Thomas Weber, Schenker Salvi Weber   I believe that apart from competitions, it's very important for architects to think about networking, like when it comes to acquisitions. We now have professional consultants with whom we work often, and happily, and whose expertise we value. On our website, it is clear who we collaborate with. Contractors and developers, for example, want to know this information.

Alice Größinger, idealice   I have an infinitely long list on the topic. We collaborate internally for landscape architecture; work together with partner firms, and even trade employees. If someone isn't needed somewhere else, and I happen to need help, then they can switch over. And then there's the ÖGLA ↑ network, Zolltexte ↑, Kampolerta ↑. And of course, collaborations with architects, if we are part of competition entries or commissions. We also belong to networks like IG-Architektur ↑, and the Architekturtage ↑, where there is a biannual festival with Pecha Kucha talks. I'm active in the Learnscapes Task Force at ÖISS ↑. And of course we also collaborate with other firms.

Michael Salvi, Schenker Salvi Weber   On the one hand, there's teamwork and cooperation with competitors, such as in the Fightclub, which I greatly admire. And then there are institutions and associations: I've often thought that we have to join the ÖGFA ↑, IG-Architektur, and the ZV ↑ to get involved. It's important to network with fellow architects; you might not get a commission, but you can learn from each other. This is something one might accuse the older generation of, creating bonds that lead to the control of access to commissions.

Robert Diem, franz   That's an interesting question: which of us will eventually take over the positions now held by 60-year olds? For us, institutional networking is effective; my partner is now on the competition committee in the Kammer ↑, which we saw as our big enemy five years ago. I was part of Orte Niederösterreich ↑, but I had to set that aside when I became a father.

Alice Größinger, idealice   It's about sharing, but it's also about projects and about work conditions in the industry. I received my first commission from the BIG ↑ because I was active on the Learnscapes Task Force. BIG had never awarded a contract for school landscape design before that. Since then, they have.

Should (landscape) architecture firms specialize? And how does one position a firm on the market these days?

Michael Salvi, Schenker Salvi Weber   We were recently discussing how competitions aren't the only means of stating one's approach, but also through the people you hire

Vielleicht würde man eine bessere Schule bauen, wenn man Wohnbauten gemacht hat?

Maybe someone would build a better school precisely because they've had experience in housing?

Kompetenz. Es könnte die Qualität eines Büros für Mitarbeiter sein, zu wissen, dass dieses Büro gut vernetzt mit ähnlichen Büros ist, sodass man dorthin wechseln kann, wenn es hier weniger Arbeit gibt. Das ist Potenzial für Mitarbeiter und Mehrwert fürs Büro, weil man gute Mitarbeiter nicht verliert.

Thomas Weber, Schenker Salvi Weber   Wir sind darauf gekommen, weil Architekten extrem projektabhängig sind, da baut man Strukturen auf für drei Jahre, und dann ist alles vorbei – bis zum nächsten gewonnenen Wettbewerb. Das könnte man abfedern, wenn man kooperiert und einen Pool aufbaut.

Robert Diem, franz   Für uns ist das eine sehr aktuelle Überlegung, speziell im Hinblick auf die Raumgröße. Wir sind drei Mal umgezogen, weil wir nicht gleich mutig genug waren. Das kann immer wieder vorkommen: Man gewinnt einen Wettbewerb und braucht plötzlich 50 Quadratmeter mehr. Wenn es da einen flexiblen Cluster gäbe wäre das toll. Zur Positionierung kann ich sagen, dass viele Architekten alles vom Kaffeehäferl bis zum Städtebau machen – das ist nicht meins. Wir spezialisieren uns auf Hochbau in einer gewissen Größenordnung, mit entsprechenden Budgets und Komplexität, an der man tüfteln kann. Aber ich will mich nicht funktional spezialisieren. Wir wurden in die Schulbauecke getrieben, weil wir zwei Wettbewerbe gewonnen haben. Wir würden gern Wohnbau machen, das ist aber in Wien ein eigenes Thema: Wie kommt man da heran? Es gibt die Bauträgerwettbewerbe↑, wo die Architekten von Bauträgern abhängen, die einen fixen Pool an Architekten haben.

Thomas Weber, Schenker Salvi Weber   Die Spezialisierung passiert oft zufällig, nicht gewollt: Wenn man ein Krankenhaus gewinnt, wird man sofort als Spezialist gesehen. Und natürlich wird man als Büro besser, wenn man zwei, drei Bürohäuser gebaut hat – sonst hat man etwas falsch gemacht.

Robert Diem, franz   Vor allem wird man schneller, ob man auch besser wird, weiß ich nicht. Ich bin komplett dagegen, dass bei Wettbewerben nur die teilnehmen können, die schon einmal eine Schule gebaut haben.

Michael Salvi, Schenker Salvi Weber   Der Zugang zum Markt geht bei uns nur über Wettbewerbe, aber in Wien gibt es keine offenen Wettbewerbe für Wohnbauten. In der Schweiz ist es anders, da gibt es nur offene Wohnbauwettbewerbe. Wir haben uns dort Fingerfertigkeit erarbeitet und typologisch von Kollegen gelernt, sodass wir in Innsbruck einen Wohnbauwettbewerb gewinnen konnten. Jetzt, wo der fertig ist, sind wir mit ersten Bauträgern in Wien in Kontakt und erhalten positives Feedback. Aber diese funktionelle Einschränkung ist problematisch: Vielleicht würde man eine bessere Schule bauen, wenn man Wohnbauten gemacht hat? Als junger Architekt wird einem hier der Zugang beim Wohnbau schwer gemacht, dabei hätte das großes Potenzial für die Stadt! Ich finde auch die Entwicklung der Baugruppen↑ interessant, welche Auswirkungen das haben wird. Es ist gut für den Wohnbau, dass dadurch Druck auf die Bauträger entsteht, weil die sich mit vielen Themen schwer tun: soziale Nachhaltigkeit, Erdgeschoßzone.

and their skills. The quality of a firm could be that its employees know that the company is well connected to similar offices, meaning that you can transfer somewhere else when there is less work at one's own company. This creates potential for employees and added value for the firm, because you don't lose good employees.

Thomas Weber, Schenker Salvi Weber   We realized that because architects are extremely dependent on projects, you build up a structure for three years, and then it's all over – until you win the next competition. You can cushion these effects by cooperating and building up a pool.

Robert Diem, franz   That's a very timely thought for us, especially in terms of the size of our space. We've moved three times already, because we weren't bold enough at the start. This can happen again and again: you win a competition and suddenly need an extra 50 square meters. A flexible cluster would be great in this case. As far as market position goes, I can say that many architects will do anything from coffee mugs to urban design – which is not my thing. We specialize in buildings of a certain size, with a corresponding budget and level of complexity that you can sink your teeth into. But I don't want to specialize in terms of function. We were nudged into the category of school designers, because we won two competitions. We'd like to do housing developments, but this is the big thing in Vienna: how do you get into the field? There are developer competitions↑ in which the architects are dependent on the developers, who pick them from a set pool of architects.

Thomas Weber, Schenker Salvi Weber   Specialization often happens by chance and not through intention. If you win a hospital project, you are instantly seen as a specialist. And of course you do better as a company once you've built two or three office buildings – otherwise you're doing something wrong.

Robert Diem, franz   Most of all, you get faster. I don't really know if you get better. I am totally against the idea that only those who have already built a school can enter competitions.

Michael Salvi, Schenker Salvi Weber   For us, competitions are the only way to enter the market, but in Vienna, there are no open competitions for residential developments. It's different in Switzerland, where they only have open competitions. We worked on our dexterity there, and learned about typology from colleagues, and were then able to win a housing competition in Innsbruck. Now that it's finished, we have gotten into touch with the first developers in Vienna and are receiving positive feedback. But this functional constraint is problematic: maybe someone would build a better school precisely because they've had experience in housing? As a young architect, it's tough to get into residential construction, even though this would be a great potential for the city! I also find the rise of Baugruppen↑ interesting, what kind of impact that will have. It is good for housing as it puts pressure on the developers, since they have a hard time dealing with many subjects including social sustainability or the ground floor level.

Gibt es eurer Meinung nach so etwas wie eine aktuelle Tendenz in der Wiener Szene der (Landschafts-)ArchitektInnen?

Alice Größinger, idealice   Man braucht nur die IG-Architektur↑ und die Kammer↑ anzuschauen, dann sieht man, dass es eine neue, spannende Phase gibt. Und in der Seestadt Aspern wurden neue Zusammenarbeitsformen ausprobiert, das war vor allem bei den Landschaftsarchitekten interessant!

In your opinion, is there a contemporary trend among Viennese (landscape) architects?

Alice Größinger, idealice   You only need to take a look at the IG-Architektur↑ and the Kammer↑, then you see that there is a new, exciting phase. And in the Seestadt Aspern, new forms of collaboration were tried out, and the work done by the landscape architects was especially interesting!

Das ist natürlich kühn, wenn ich sage, unsere Projekte leben vom Raumkonzept und von unerwarteten typologischen Lösungen und weniger von der Fassade. Aber das ist die Schnittmenge.

Of course it's bold for me to say that our projects are about spatial concept and unexpected typological solutions, and less about the façade. But that is what the cross-section shows.

Erwin Stättner, franz   Ich bin jetzt selbst in der Kammer und kiefle noch an dem Begriff »Funktionär«, die IG ist jetzt stärkste Fraktion, da haben Leute aus unserer Generation plötzlich Schlüsselrollen. Und der Fightclub↑ ist ein wichtiges Forum zum Austausch mit anderen Büros. Bei uns funktioniert das gut, obwohl wir ja auch Konkurrenten sind. Das sind alles Bürogemeinschaften, die locker an die Aufgaben herangehen, flache Hierarchien haben, ähnliche Arbeitsweisen und Bürostrukturen. Wir haben sicher eine gemeinsame Haltung, aber kein Dogma, das ist ziemlich bunt.

Erwin Stättner, franz   I'm in the Kammer myself now, and am still struggling with the word »functionary«. The IG is now the strongest faction, and people from our generation are suddenly in key positions there. And the Fightclub↑ is an important forum for discussion with other offices. It works well for us, although we are also all rivals of course. These are all office partnerships that have a relaxed approach to work, level hierarchies, and similar working methods and office structures. We certainly have a common attitude, but no dogma; it's quite colorful.

Alice Größinger, idealice   Wie seht ihr das: Die erste YoVA-Generation mit Caramel, Pool und so weiter hatte noch eine eigene Architektursprache, die auch in Deutschland als Wiener Schule erkannt wurde. Gibt es so etwas jetzt bei euch auch oder ist es breiter?

Alice Größinger, idealice   What do you think of this: the first YoVA generation, with Caramel, Pool, and so on still had its own architectural language, which was recognized in Germany as the Vienna School. Is there such a thing with you too now, or is it more broad?

Michael Salvi, Schenker Salvi Weber   Das gibt es schon, glaube ich. Damals waren das eher formal-typologische Elemente. Da ging es teilweise um Ikonen, die Dynamik ausstrahlen. Jetzt gibt es eher robuste, neutrale Strukturen, gute Baukörper und gute Raumkonzepte.

Michael Salvi, Schenker Salvi Weber   I believe there is. Back then it was more about formal and typological elements. It was partly about icons that radiate dynamism. Now there are more robust, neutral structures, good massing and good spatial concepts.

Thomas Weber, Schenker Salvi Weber   Ich weiß nicht, ob früher eine formalästhetische Diskussion geführt wurde, aber wir führen sie nicht. Wir diskutieren eher, was von innen herauskommt aus den Projekten.

Thomas Weber, Schenker Salvi Weber   I don't know whether there was a formal aesthetic discourse happening then, but we don't have one now. We talk more about what emerges from within the projects.

Robert Diem, franz   Uns interessieren Fassaden in den Wettbewerben überhaupt nicht, ich hasse es, mir Gedanken über eine Fassade machen zu müssen. Im Wettbewerb geht es um etwas anderes. Unsere Fassaden schauen in der Umsetzung dann auch immer anders aus, weil wir Zeit brauchen, um etwas zu entwickeln. Beim fertigen Projekt glauben dann viele, es geht uns nur um die Fassade, obwohl das beim Wettbewerb keine Priorität hatte.

Robert Diem, franz   In a competition, we aren't at all interested in the façade; I hate having to think about the façade. In a competition, it's about something else. Our façades always look different anyway once they are built, because it takes time to develop something. Once the project is finished, many believe that we were only concerned with the façade, although it was not a priority in the competition.

Michael Salvi, Schenker Salvi Weber   Das ist natürlich kühn, wenn ich sage, unsere Projekte leben vom Raumkonzept und von unerwarteten typologischen Lösungen und weniger von der Fassade. Aber das ist die Schnittmenge. Und wir sind eine Generation, die nicht aus der Uni heraus Büros gegründet hat, sondern wir haben fünf bis zehn Jahre als Mitarbeiter in anderen Büros gearbeitet und neben dem Job Wettbewerbe gemacht.

Michael Salvi, Schenker Salvi Weber   Of course it's bold for me to say that our projects are about spatial concept and unexpected typological solutions, and less about the façade. But that is what the cross-section shows. We are a generation that didn't open our own firms right after graduating from university, but rather spent five to ten years working for other people's offices and doing competitions on the side.

Robert Diem, franz Damals haben viele klein begonnen mit Einfamilienhäusern und Umbauten, während wir über Wettbewerbe die Chance hatten, einen großen Schritt mit 10-Millionen-Projekten zu machen, da startet man anders. Deshalb sind meiner Meinung nach offene Wettbewerbe für junge ArchitektInnen so wichtig.

Alice Größinger, idealice Was ich in eurer Generation sehe, ist, dass es nicht mehr diese Profilierungssucht gegenüber LandschaftsarchitektInnen gibt. Früher wurden wir als reine Ausführungsgehilfen gesehen, jetzt können wir selber entwerfen. Die Ignoranz war erschreckend, aber das hat sich stark gebessert.

Auf wen, auf welche VorgängerInnen kann man sich heute berufen?

Robert Diem, franz Ich habe in dem Büro, in dem ich sechs Jahre lang gearbeitet habe, hundert Mal mehr gelernt als in sechs Jahren Universität. Aber das ist natürlich eine Glücksfrage. Das Büro nach der Universität prägt einen, nicht so sehr in der Architektursprache, sondern in der Haltung: Was ist wichtig in einem Projekt, wie kann man das konsequent umsetzen?

Michael Salvi, Schenker Salvi Weber Das ist bei uns nicht anders. Aber wir schlagen auch viele Bücher auf, wenn wir mit einem Projekt beginnen. Ein wichtiger Unterschied zu den 1960er, 1970er Jahren ist sicher, dass es heute unendlich viel Literatur gibt. Es ist alles verfügbar. Unsere Vorgänger hatten nicht so viel, die mussten sich vieles selbst erarbeiten. Wir müssen uns offensichtlich nicht mehr aufbäumen, wir leben auf Basis der Utopien, die andere geschaffen haben, es geht uns gut.

Thomas Weber, Schenker Salvi Weber Die Utopien wurden ja nie umgesetzt. Die waren ein Element der Kritik, deshalb gibt es keine Utopien mehr, weil das kritische Element heute völlig fehlt. Es geht uns offensichtlich zu gut.

Erwin Stättner, franz Und die Dichte an engagierten, guten Architekten ist höher als damals.

Michael Salvi, Schenker Salvi Weber Vielleicht nicht die Dichte, aber die mediale Verfügbarkeit, du kannst leichter auf eine andere Meinung treffen. Früher hat sich das auf ein paar Beisln fokussiert, wo man seinen informellen Fightclub↑ geführt hat. Heute ist die ganze Welt geschrumpft.

Robert Diem, franz Wahrscheinlich stimmt es, dass es damals auch viele gute Architekten gegeben hat, die nicht so bekannt sind. Heute würde ich mir das teilweise wieder wünschen, weil heute muss man sich vermarkten, das hat Architekten damals nicht interessiert. Wir tun das auch, mit der Website und mit Pressearbeit. Mir ist dann vor kurzem einmal aufgefallen, dass ich schon im Entwurf daran denke, das könnte ein gutes Foto geben, das ist eigentlich ganz arg!

Michael Salvi, Schenker Salvi Weber Das ist doch part of the game, dafür muss man sich keine Vorwürfe machen, das gehört dazu, sonst kann man nicht mehr Schritt halten!

Warum soll man sogenannte junge Büros bevorzugen? Ist das ein ökonomisches oder ein kulturelles Argument?

Thomas Weber, Schenker Salvi Weber Das ist ein kultureller, gesellschaftlicher Auftrag! Wir brauchen doch niemanden an der Universität ausbilden, wenn er oder sie es dann nicht ins Berufsfeld schafft!

Robert Diem, franz Back then, many started small, with single-family houses and renovations, while, thanks to competitions, we had a chance to take a giant step to projects worth 10 million. This allows you to start out differently. That's why, in my opinion, open competitions are so important for young architects.

Alice Größinger, idealice What I see in your generation is that there's no longer a drive to compete against landscape architects. In the past, we were seen purely as assistants, now we can design for ourselves. The ignorance was appalling, but things have improved greatly.

Who do you feel are your predecessors?

Robert Diem, franz In the office where I worked for six years, I learned a hundred times more than I did in six years of university. But, of course, that comes down to luck. Your office experience right after university shapes you, not so much in terms of architectural language, but rather attitude: What is important in a project, how can you carry it out systematically?

Michael Salvi, Schenker Salvi Weber It's no different for us. But when we start a project, we also crack open a lot of books. An important distinction between the 1960s and 1970s is that there's infinitely more literature today and all of it is accessible. Our predecessors didn't have that to the same extent, they had to work out a lot of things on their own. Clearly, we don't have to rebel anymore, we are living on the foundation of utopias others have made; we are doing well.

Thomas Weber, Schenker Salvi Weber But the utopias were never built. They were one element of the criticism, which is why there are no more utopias, because the critical factor is completely absent today. Evidently we're doing too well.

Erwin Stättner, franz And the number of actively engaged, good architects is higher than it was then.

Michael Salvi, Schenker Salvi Weber Maybe not the number, but the availability in the media; you can get another opinion more easily. In the past, this was limited to a couple of pubs where people could carry on an informal Fightclub↑. Today, the whole world has shrunk.

Robert Diem, franz It's probably true that there were a lot of good architects back then who are not so well known. Today I almost wish that were true again, because you have to market yourself now. Architects weren't as interested in that in the past. We do it as well, with our web page and PR work. It struck me recently that when I'm designing, I already start to think about what would make a good photo. That's actually pretty extreme!

Michael Salvi, Schenker Salvi Weber But it's »part of the game«. You don't have to blame yourself. You have to play along; otherwise you won't be able to keep up!

Why should one give preference to so-called »young firms«? For economic or for cultural reasons?

Thomas Weber, Schenker Salvi Weber It is a cultural, social mission! We don't need to educate anyone at the university, if it's not possible for that person to later make it into the profession!

Robert Diem, franz   Es geht nicht um Förderung, sondern einfach um einen Zugang zum Markt, die Möglichkeit für junge Büros, mitspielen zu können – das reicht mir.

Michael Salvi, Schenker Salvi Weber   Je mehr offene Wettbewerbe es gibt, desto mehr verteilt sich das Feld, dann haben wir nicht 60 oder 100 Einreichungen bei einem Wettbewerb.

Alice Größinger, idealice   Bei den Landschaftsarchitekten geht es darum, dass man überhaupt Wettbewerbe ausschreiben müsste. In Wien hat es in dem Bereich in den letzten sieben Jahren genau drei Wettbewerbe gegeben, das ist eine Katastrophe. Und dann sind auch noch die Ansprüche an die Referenzen extrem hoch.

Was wollt ihr von der Stadt?

Alice Größinger, idealice   Wettbewerbe, das ist das Um und Auf für das Landschaftsarchitektonische. Und ich habe einen großen Wunsch: Dass die kooperativen Verfahren fortgesetzt werden.

Erwin Stättner, franz   Und dass das Schreckgespenst PPP↑ wieder verschwindet, das ist der Untergang für uns. Das ist vor allem im Schulbau schlimm, da arbeiten wir lediglich bis zur Einreichung und machen nur mehr Leitdetails, die Wertschöpfung ist großteils weg und der Bauträger diktiert die Qualität. Dabei wissen wir doch, dass das am Schluss teurer ist. Und der zweite Wunsch: Wir wollen in den Wohnbau hinein. Ich glaube, dass wir das gut könnten.

Thomas Weber, Schenker Salvi Weber   Bauträger und Architekten müsste man entkoppeln im Wohnbau. Zuerst macht die Stadt einen Wettbewerb und das siegreiche Projekt wird dann den Bauträgern vorgeschlagen – die können ein Angebot machen, wer das zu welchem Preis umsetzen kann. Und in letzter Zeit steigt ja der Anteil der freifinanzierten Wohnungen. Da müsste die Stadt ihre kulturelle Verantwortung wahrnehmen und regulieren, dass das nicht nur Direktvergaben sind.

Michael Salvi, Schenker Salvi Weber   In der Schweiz gibt es das, da werden Parzellen mit Wettbewerbspflicht gewidmet.

Srdan Ivkovic, idealice   In Wien fehlt die Qualitätssicherung vom Wettbewerb bis zur Realisierung, da geht so viel verloren, dass man sich am Ende nur wundern kann.

Michael Salvi, Schenker Salvi Weber   Die Stadt hat ja eine große Qualität: Da wurde über hunderte Jahre viel geschaffen. Wir brauchen das Bewusstsein, dass man weitertun muss, damit es das in hundert Jahren auch noch gibt.

Erwin Stättner, franz   Ich wünsche mir Wertschätzung für die Architektur, nicht nur von der Stadt. Wir machen Wettbewerbe, buttern Zeit in die Planung, denken an alles, liefern gute Ergebnisse, und trotzdem haben Leute, die mit Architekten arbeiten, ein schreckliches Bild von dieser Berufsgruppe. Dabei leisten wir einen extrem hohen Beitrag! Wir brauchen bei jedem Projekt ein halbes Jahr, bis wir das übliche Architektenimage überwunden haben, wir stoßen immer zuerst auf Ablehnung. Klar sind wir Architekten teils selbst schuld, weil wir kompliziert sind, aber wir sind Idealisten! Wir sind die einzigen, denen die Qualität bis zum Schluss wichtig ist. Wir Planer sind Komponisten und Dirigenten in einem, aber statt uns sind jetzt die wichtig. Kosten und Termine einzuhalten ist meiner Meinung nach selbstverständlich, das ist die Pflicht. Aber die Kür dazu schaffen nur wir Planer.

Robert Diem, franz   It's not about promotion, but simply about access to the market, the opportunity for young offices to enter the game – that's enough for me.

Michael Salvi, Schenker Salvi Weber   The more open competitions there are, the more the field is leveled; then we won't have 60 to 100 entries into one competition.

Alice Größinger, idealice   For landscape architects, it's about the competitions even being held. In Vienna, there were exactly three competitions in the last seven years. This is a disaster. And then demands for references are also extremely high.

What do you want from the city?

Alice Größinger, idealice   Competitions are the be-all and end-all for landscape architecture. And I have one big wish: that the cooperative planning procedure be continued.

Erwin Stättner, franz   And that the specter of PPP↑ vanishes again. It's our downfall. It's especially bad in school projects, when we work out the submission plans and only do standard details, value creation disappears almost entirely and builders dictate the quality. Even though we know that, in the end, it's more expensive. And my second wish: we want to get into housing development. I think we would be good at it.

Thomas Weber, Schenker Salvi Weber   Builders and architects must be separated in housing construction. First, the city holds a competition and the winning project is proposed to the builders – they can then make an offer as to who can build it at which price. Lately, the number of privately financed housing projects has been rising. The city must take its cultural responsibility seriously and create regulation to prevent contracts from all being awarded directly.

Michael Salvi, Schenker Salvi Weber   In Switzerland, certain building lots are set aside for mandatory competitions.

Srdan Ivkovic, idealice   In Vienna, there is no quality control between competition and finished building. So much gets lost in the shuffle that you can only shake your head at the end.

Michael Salvi, Schenker Salvi Weber   The city certainly has great quality: a lot has been done over the centuries. We need to have the awareness that we must continue this way to ensure that it's still here in another hundred years.

Erwin Stättner, franz   I wish for more appreciation of architecture, and not just from the city. We enter competitions, put lots of time into design, think about everything, deliver good results, and still, people who work with architects have a terrible image of the profession. And yet we're making an extremely big contribution! For every new project it takes us a half a year to overcome the typical image of the architect; we always encounter rejection at first. Sure, we architects are partly ourselves to blame, because we are complicated – but we are idealists! We are the only ones for whom quality is important right through to the very end. We designers are at once both composers and directors; but now it's the project managers who are important instead of us. Sticking to deadlines and budgets is a given in my opinion; it's an obligation. But only designers can create the solutions necessary for it.

Was ist das Besondere an Wien, im Unterschied zu anderen Städten in Europa?

Srdan Ivkovic, idealice   Ich komme aus Belgrad, der große Unterschied ist, wie hier die öffentliche Hand agiert. Die hat hier viel mehr Einfluss auf das, was gebaut wird, in Belgrad bestimmt das Privatkapital die Stadtentwicklung. Wien wird besser moderiert, gelenkt, gestaltet, das muss man zugeben. Trotzdem müssen wir auch weiter kritisch sein, weil für das, was wir heute haben, haben sich die vorhergehenden Generationen eingesetzt, sonst gäbe es das nicht.

What is particularly special about Vienna, when compared to other European cities?

Srdan Ivkovic, idealice   I'm from Belgrade. The big difference is the way the public sector operates here. It has a much greater influence on what gets built. In Belgrade, private capital determines urban growth. Vienna is much better controlled, guided, and formed. Nevertheless, we must continue to be critical because previous generations had to fight for what we have today, otherwise it wouldn't exist.

Die Stadt hat ja eine große Qualität: Da wurden über hunderte Jahre viel geschaffen. Wir brauchen das Bewusstsein, dass man weiter tun muss, damit es das in hundert Jahren auch noch gibt.

The city certainly has great quality: a lot has been done over the centuries. We need to have the awareness that we must continue this way to ensure that it's still here in another hundred years.

Wenn Ihr euch eine Aufgabe in Wien aussuchen könntet, was würdet ihr der Stadtpolitik vorschlagen?

Alice Größinger, idealice   Ich würde in den suburbanen Zonen, wo Industrie und Gewerbe sind, hochwertige Begrünung umsetzen. Dort gibt es keine Bäume auf den Parkplätzen, alles zerfällt, es gibt nur niedrige Supermarktboxen und keine Baumreihen – diese Räume müssen besser werden!

Erwin Stättner, franz   Es müsste auch innerhalb des Gürtels spannende, waghalsige, zeitgemäße Bauten geben, auch in der Schutzzone. Es braucht mehr Mut! Auch beim Parlament, warum hat man da nicht einen Neubau geplant, ein transparentes Parlament für die Gegenwart, ein Signal?

Alice Größinger, idealice   Und ich will mehr Innovation im Freiraum, spacige Dinge wie beim MFO-Park in Zürich. Der Schmerlingplatz neben dem Parlament ist ein Beispiel, da ist eine Grünfläche mit einfachen Mitteln besser nutzbar gemacht worden.

Michael Salvi, Schenker Salvi Weber   Es ist ein trauriges Phänomen in den österreichischen Städten, dass sie wie ein Brei ins Land übergehen, da braucht es andere Vorgaben, damit die Ausfallsachsen nicht ins Niemandsland führen. Das sind doch Räume, wo sich viele Menschen gern aufhalten, an der Schnittstelle von Stadt und Umland.

If you could choose one project in Vienna, what would you propose to city leaders?

Alice Größinger, idealice   I would put high-quality landscaping in suburban areas where industry and businesses are located. There are currently no trees in the parking lots there, everything is falling apart, and there is nothing but low-rise supermarket boxes and no rows of trees – these spaces must be improved!

Erwin Stättner, franz   There should be exciting, daring, contemporary buildings inside the Gürtel, and in the protected zone. We need more courage! And the Parliament, why hasn't a new building been designed, a transparent Parliament as a sign of the times?

Alice Größinger, idealice   I want there to be more innovation in public space, space-age things, like the MFO Park in Zurich. Schmerlingplatz next to the Parliament is one example, the green space there is nothing more than a waste.

Michael Salvi, Schenker Salvi Weber   A sad phenomenon of Austrian cities is that they leak over into the countryside like mush. Different regulations are needed so that the major traffic arteries don't take you out to no man's land. There are places at the interface between the city and the periphery where lots of people like to go.

idealice Landschaftsarchitektur

Alice Größinger

Landschaftsarchitektin, *1969, Studium Landschaftsplanung und -pflege, Universität für Bodenkultur, Technische Universität Wien, University of Manchester, GB, Abschluss 1997, 2001 Gründung von idealice, 2001 lfd. Mitglied des ÖISS-Arbeitskreises Schulfreiräume, 2001–2009 Lektorin BOKU und TU Wien, 2011–lfd. Lektorin Kirchliche Pädagogische Hochschule Wien

Landscape Architect, Born 1969; studied landscape design and maintenance at the University of Agricultural Sciences, TU Wien, University of Manchester, UK; 1997 Graduation; 2001 Founded idealice; 2001–present Member of the ÖISS working group for open space in schools, 2001–09 Lecturer at the BOKU and TU Wien; 2011–present Lecturer at the University College for Teacher Education of Christian Churches Vienna.

Team

Srdan Ivkovic, Veronika Mungenast, Arno Wachtler, Pavlína Gladziszová, Jose Luis Llaca Bastardo, Dora Annus, Evelyne Thoma

Wichtige Projekte und Publikationen
Important Projects and Publications

Science Park Linz / Technologiezentrum Aspern IQ / Klinikum Klagenfurt / Thermenklinikum Baden / LKH Gmunden / Rehaklinik Wien Baumgarten / Wohnbau Eurogate / Seestadt Aspern D12 / BHAK Polgarstraße / AHS Contiweg / die Graphische / BORG Neulengbach / div. Kooperative Verfahren / Ideenwettbewerb »ZielCity« / Design der Docking Lounge

Atlas of World Landscape Architecture, Braun Verlag Urban Spaces, Braun Verlag The public chance, a+t Verlag Schulbau in Österreich 1996–2011

Science Park Linz / Aspern IQ Technology Center / Klagenfurt Clinic / Baden Thermal Clinic / Gmunden Regional Hospital / Vienna Baumgarten Rehab Clinic / Eurogate Residential Complex / Aspern Vienna Urban Lakeside D12 / Polgarstraße Business Academy / AHS Contiweg / die Graphische / BORG Neulengbach / various cooperative processes / ZielCity Concept Competition / Docking Lounge design

Atlas of World Landscape Architecture, Braun Verlag Urban Spaces, Braun Verlag The public chance, a+t Verlag Schulbau in Österreich 1996–2011

www.idealice.com

Lerchenfelder Straße 124–126/1/2a 1080 Wien +43 (0)1 920 60 31 office@idealice.com

Was ist noch nie dagewesen? idealice schafft immer Neues! Jedes Projekt ist einmalig, angepasst an den jeweiligen Freiraum, seine Umgebung, seine NutzerInnen und die dazugehörige Architektur. Dabei berücksichtigt idealice die Bedürfnisse aller Beteiligten und wendet Altbewährtes neu an.

Die Teilnahme an Wettbewerben war von Beginn an eine Leidenschaft, die zu neuen Ideen, Projekten und Kooperationen führt. Die Freiraumplanung von Krankenhäusern, Wohnbauten, Schulen und Universitäten gehört ebenso in das Repertoire von idealice wie Beteiligungsworkshops und Städtebau. idealice entwirft Möbel, die projektspezifisch den jeweiligen Ansprüchen optimal angepasst sind. Glanzstück ist die Docking Lounge, ein freiraumtaugliches Multimediamöbel. idealice erweitert ständig den Aktionsradius. Neuestes Tätigkeitsfeld ist die Organisation kooperativer Planungsverfahren, ein weiterer Schritt, die Kompetenz der Landschaftsarchitektur einer breiteren Öffentlichkeit bekannt zu machen.

What is unprecedented? idealice always creates something new! Each project is unique, adapted to a space, its surroundings, its users, and the corresponding architecture. idealice takes into account the needs of all participants and applies the tried and tested to the new.

Participating in competitions was a passion from the very beginning, and this led to new ideas, projects, and collaborations. Open space planning for hospitals, residential buildings, schools, and universities is just as much a part of idealice's repertoire as participatory workshops and urban planning. idealice designs furnishings that are project-specific and perfectly adapted to the specific requirements. A highlight is the Docking Lounge, a multimedia furniture line suitable for the outdoors. idealice is constantly expanding its working radius. The latest field of activity is the organization of cooperative planning processes, another step towards making the potential of landscape architecture known to a wider audience.

**Wien. Startrampe
für Ideen-Pioniere**
Vienna, launch pad
for idea pioneers

Rathausplatz

**Bundeshandelsakademie und
-handelsschule Polgarstraße, Wien (2012)**
Die Parameter für den Schulfreiraum
wurden mittels eines Beteiligungs-
prozesses festgelegt. Markenzeichen ist
die »Arena del Sol« mit ihrem zweifärbig
blauen EPDM-Belag. Sie ist Sportfläche,
Veranstaltungsort, Bühne und Freiluft-
klasse in einem. Schilfdeck, Höfe, Vorplatz
und Gartenbereich schaffen unterschiedliche Aufenthaltsbereiche.

**Polgarstraße Business Academy,
Vienna (2012)**
The parameters for the school's open
space were determined through a
participatory process. The main
attribute is the »Arena del Sol« with
its EPDM lining in two shades of blue.
It is a sports ground, venue, stage, and
outdoor classroom all in one. The reed
deck, playgrounds, forecourt, and
garden create different living areas.

Wohnbau Eurogate, Wien (2012)
Der Freiraum der Wohnanlage in Wien
ermöglicht vielfältige Nutzungen in
abwechslungsreichen Räumen mit unterschiedlicher Intimität.
Horizontale Seile spannen sich zwischen
den Bauteilen und schaffen zusammen
mit vertikalen, fächerartigen Rankseilen
interessante Durchblicke.

**Eurogate Residential Complex,
Vienna** (2012)
The open space of the residential
complex in Vienna allows multiple uses
in diverse areas of differing intimacy.
Horizontal ropes are spanned between
the components, creating interesting
vistas together with the vertical, fan-like
ropes for climbing vines.

Science Park Linz (2013)
Beim Science Park, dem Erweiterungsneubau der Johannes-Kepler-Universität, ziehen sich die sogenannten »Raumlinien« vom Freiraum ins Gebäude hinein und stellen somit eine Verbindung zwischen Innen- und Außenraum her. Diese Raumlinien wachsen auch in die dritte Dimension und formen Möbel und eigens von idealice entworfene Leuchten.

Science Park Linz (2013)
At the Science Park, a new extension of the Johannes Kepler University, the so-called »spatial lines« are drawn from the open space into the building, thus creating a link between the interior and exterior. These spatial lines expand into the third dimension to shape furnishings and lights, specially designed by idealice.

franz

Robert Diem

Arch. DI., * 1976 Hollabrunn, 2002 Diplom TU Wien, Manchester Metropolitan University, 2003–2008 Projektleitung für Querkraft Architekten, 2009–2014 Vorstandsmitglied bei Orte – Architekturnetzwerk Niederösterreich

Born 1976 in Hollabrunn; 2002 graduated from the TU Wien and Manchester Metropolitan University; 2003–2008 project management for Querkraft Architekten; 2009–2014 board member of Orte – Architekturnetzwerk Niederösterreich.

Erwin Stättner

Arch. DI., * 1973 Wien, 1999 Diplom TU Wien, Berkeley, 2000–2008 Projektleitung für Querkraft Architekten, 2008 Instruktor an der TU Wien Hochbau II, 2014– Mitglied im Wettbewerbsausschuss der Architektenkammer

Born 1973 in Vienna; 1999 graduated from the TU Wien and Berkeley; 2000–2008 project management for Querkraft Architekten; 2008 instructor at the TU Wien for Civil Construction II; 2014 member of the Competition Committee of the Chamber of Architects.

2009 Bürogründung franz
franz was founded in 2009

MitarbeiterInnen
Employees

Corinna Toell, Lucie Vencelidesova, Joseph Suntinger, Karina Zingl, Katrin Meister, Wolfgang Fischer, Christina Amberg, Yann Schleipfner, Christian Szalay, Arnim Dold, Friederike Dammaß

Wettbewerbserfolge
Competition Achievements

72 Wettbewerbe / 26 Preise / 9 Mal 1. Platz

72 Competitions / 26 Prizes / 9 times 1st place

www.franz-architekten.at
Hornbostelgasse 3/2/3
1060 Wien
+43 (0)676 897 10 71 00
office@franz-architekten.at

warum franz? erwin ist franz / robert ist franz / lucie, karina und joseph sind franz / und corinna und katrin sind auch franz / wer bei franz arbeitet, ist franz / und wer in einem gebäude von franz ein und aus geht, ist auch ein bisschen franz / natürlich will franz hoch hinaus / trotzdem: franz ist bodenständig und kennt seine wurzeln / franz ist eben nicht aus new york, paris oder madrid / franz ist aus österreich / und franz arbeitet in österreich / stolz muss man darauf nicht sein, aber stehen kann man dazu / franz mag's nicht verschwurbelt und verschnörkelt / franz sagt's geradeheraus und baut geradehinauf / franz glaubt nämlich: je komplexer die aufgabe ist, desto simpler muss die lösung sein / also zerbricht sich franz so lange den kopf, bis etwas herauskommt, das so einfach ist, dass es jeder versteht / und jeder sich merkt.

why franz? erwin is franz / robert is franz / lucie, karina, and joseph are franz / and corinna and katrin are franz / whoever works at franz, is franz / and whoever enters and leaves a building by franz is also a little bit franz / of course, franz aims high / but franz is still down to earth and knows his roots / franz is not from new york, paris, or madrid / franz is from austria / and franz works in austria / you don't have to be proud of it, but you can stand by it / franz doesn't like things that are decorated and ornate / franz says it like it is and builds straight up / franz believes that the more complex the task, the simpler the solution needs to be / so franz does everything he can to make it so simple that everyone can understand / and everyone remembers.

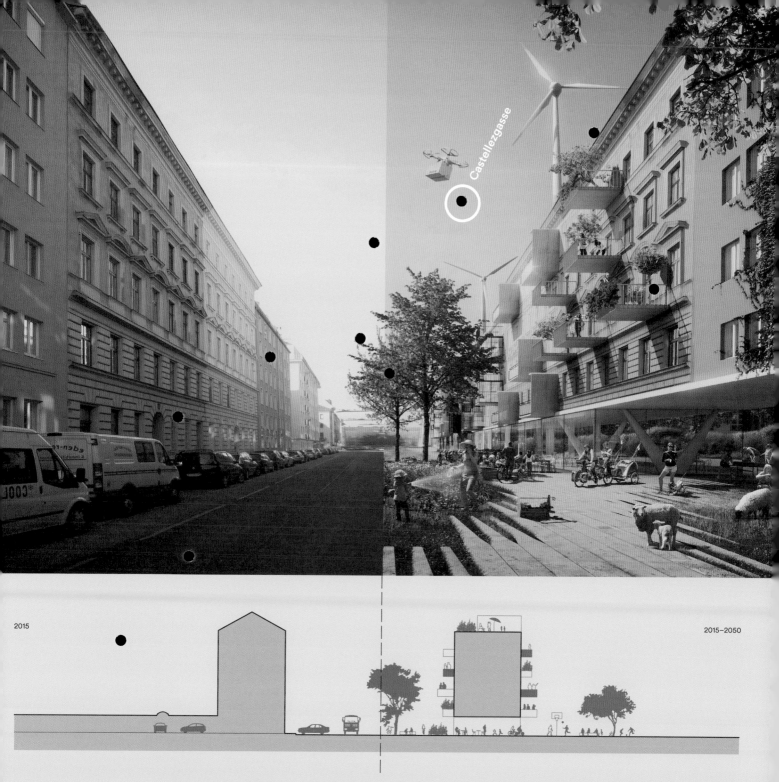

Castellezgasse

raus aus der sackgasse!
escape the dead end!

der duden sagt: eine utopie ist ein »undurchführbar erscheinender plan«. eine »idee ohne reale grundlage«. wir glauben nicht an utopien, sondern an eine veränderung in kleinen schritten. die straße als öffentlicher raum wird derzeit von autos bestimmt, auch die innenhöfe werden vielfach als abstellfläche für autos verwendet. das auto wird in der stadt zunehmend an bedeutung verlieren, der öffentliche raum wird attraktiver: für fußgän-ger und radfahrer, zum spielen und

verweilen. dadurch gewinnen auch die erdgeschoßzonen wieder an qualität. die innenhöfe werden entkernt und begrünt und mit den straßen vernetzt. balkone für jede wohnung steigern die lebensqualität. wir wünschen uns eine stadt der kinder anstelle einer stadt der autos.

according to the duden, a utopia is a »plan that appears to be unfeasible; an idea not based in reality.« we do not believe in utopias, but in change through small steps. as public space, streets are currently dominated by cars, even apartment building courtyards are often used as storage space for cars. cars will increasingly lose their importance in the city; public space will become more attractive for pedestrians and cyclists, for playing and spending time. courtyards will be

cleared out and filled with greenery and linked to the street network. balconies for every apartment will improve the quality of life. we want a city of children instead of a city of cars.

Wohnbau Krieau
Geladener Wettbewerb (2014),
165 Wohnungen, 21.000 m² BGF

Krieau Apartment Building
Invited competition (2014),
165 apartments, 21,000 m² GFA.

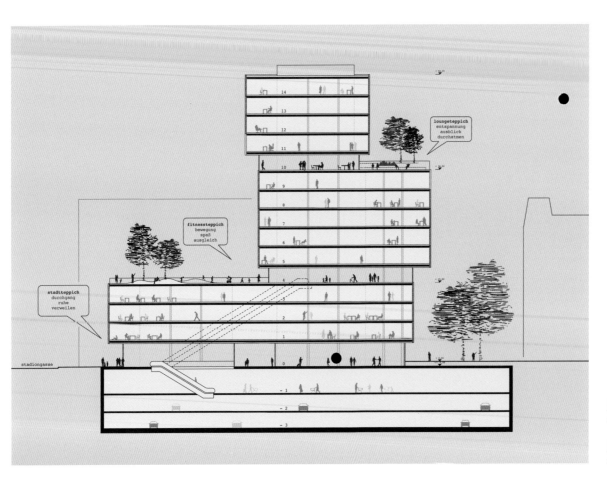

Bürohaus Rathausstraße
Offener Wettbewerb (2013), 3. Platz,
23.500 m² BGF

Rathausstraße Office Building
Open competition (2013), 3rd place,
23,500 m² GFA.

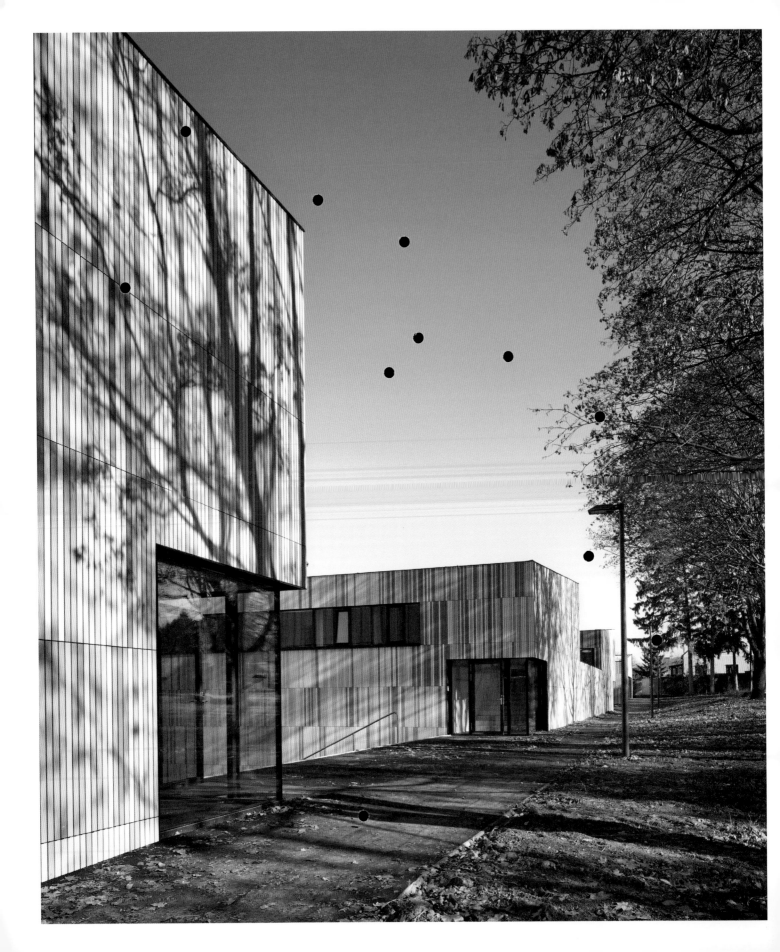

Landesjugendheim Hollabrunn
Offener Wettbewerb (2010), 1. Platz,
Fertigstellung 2014, 6.400 m² BGF

Hollabrunn Youth Center
Open competition (2010), 1st place,
completed 2014, 6,400 m² GFA.

Schenker Salvi Weber

Michael Salvi
*1974 in Bern, Zeichnerlehre
Schindler & Habegger Architekten,
Bern; FH Biel. Praxis bei Bart &
Buchhofer, Biel; AllesWirdGut,
Wien; Jabornegg & Pálffy, Wien.
Salvi Renaudin Architekten,
Bern-Wien.

Born 1974 in Bern; trained in
drafting at Schindler & Habegger
Architekten, Bern; FH Biel; work
experience at Bart & Buchhofer,
Biel; AllesWirdGut, Vienna;
Jabornegg & Palffy, Vienna;
Salvi Renaudin Architekten,
Bern – Vienna.

Andres Schenker
*1978 in Bern, Zeichnerlehre
Bauart Architekten Bern;
Accademia di Architettura
Mendrisio, Universität für ange-
wandte Kunst Wien. Praxis bei
SSSVT, Bern; Zaha Hadid, London.

Born 1978 in Bern; draftsman at
Bauart Architekten Bern;
Accademia di Architettura Men-
drisio; University of Applied Arts
Vienna; apprenticeship at SSSVT,
Bern; Zaha Hadid, London.

Thomas Weber
*1970 in Wangen, Tischlerlehre,
FH Biberach, Universität für an-
gewandte Kunst Wien. Praxis bei
Prinz Architekt, Baindt; Dietrich
Untertrifaller, Bregenz-Wien.

Born 1970 in Wangen, carpenter;
FH Biberach; University of Applied
Arts Vienna; apprenticeship at
Prinz Architekt, Baindt; Dietrich
Untertrifaller, Bregenz-Vienna.

Bürogründung 2009 mit
Sitz in Wien
Office founded in 2009,
headquarters in Vienna

MitarbeiterInnen
Employees
Sylvia Bonell, Bettina Doser,
Balthasar Freise, Alexandr Kulikov,
Martin Maidl, Simona Masarova,
Sven Mayer, Teresa De Miguel,
Thomas Morgner, Hansjörg
Reumann, Barbara Roller,
Tiago Santana, Andreea Suteu,
Tina Tobisch, Katalin Tóth

www.schenkersalviweber.com
Schenker Salvi Weber
Schottenfeldgasse 72/2/5
1070 Wien
+43 (0)6991 550 40 50
info@schenkersalviweber.com

Andres Schenker, Michael Salvi und Thomas Weber fanden sich 2009 zu einer Arbeitsgemeinschaft zusammen. Sieben gewonnene Wettbewerbe in Österreich, Deutschland und der Schweiz innerhalb der ersten fünf Jahre sprechen für sich. Der erste große Bau, die Wohnanlage Sillblock in Innsbruck, wurde bereits fertiggestellt.

Wir definieren Baukultur und Baukunst als umfassende Zusammenarbeit an einem großen Ganzen. Architektur entsteht im Dialog mit allen Beteiligten und soll nachhaltig dem Nutzer dienen. Wir planen mit größtmöglichem Anspruch und unter Berücksichtigung aller baulichen wie gestalterischen Parameter. Intelligente, qualitative Lösungen für die Stadt und ihre Bewohner sind unser Ziel. Baukunst folgt keinen rein formalen Bedürfnissen: Angemessenheit, Realisierbarkeit und Detailqualität werden stets neu verhandelt und definiert. Unser Schwerpunkt liegt im städtischen Wohn-, Bildungs- und Bürobau. Uns interessieren städtischer Raum und flexible Strukturen. Unsere Kompetenz ist, neue Typologien zu denken und gemeinschaftlich zu realisieren.

Andres Schenker, Michael Salvi, and Thomas Weber came together to found a work partnership in 2009. The seven competitions won within the first five years in Austria, Germany, and Switzerland speak for themselves. Their first major project, the Sillblock Residential Complex in Innsbruck, has already been completed.

We define building culture and architecture as an all-inclusive, holistic collaboration on one big project. Architecture is created in dialogue with all participants and should sustainably serve the user. We design to attain the highest possible standards, taking into account all structural and design parameters. Intelligent, high quality solutions for the city and its residents are our goal. Architecture doesn't just follow formal requirements: Appropriateness, feasibility, and quality detailing are continually being negotiated and redefined. Our focus is on urban housing, educational institutes, and office buildings. We are interested in urban spaces and flexible structures. Our expertise is in thinking up new typologies and realizing them collectively.

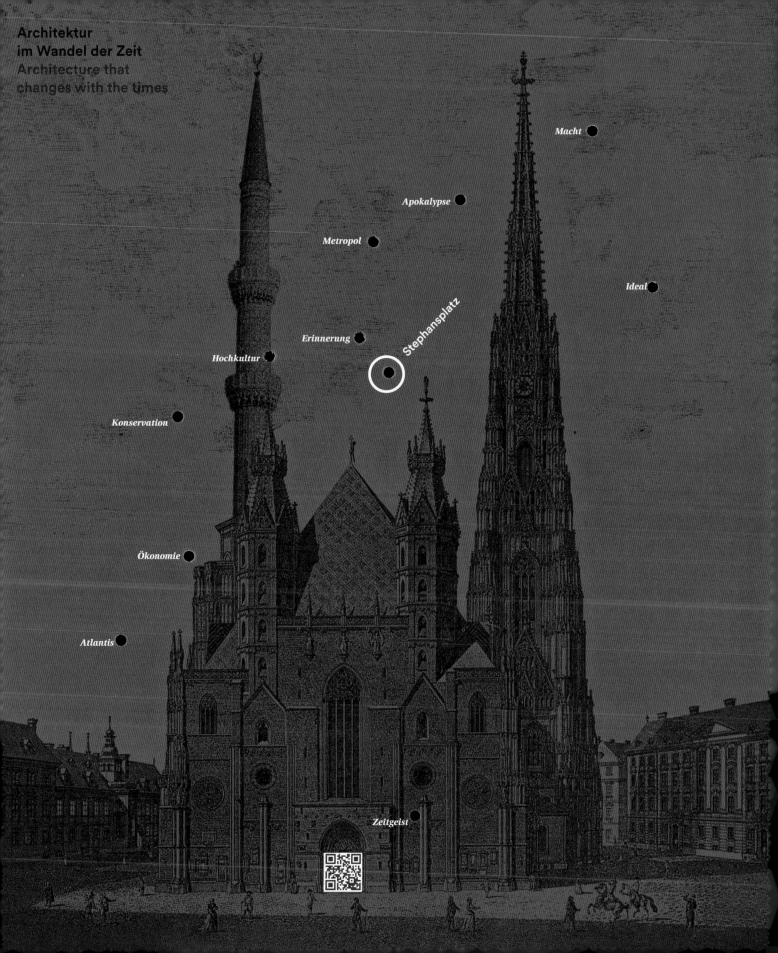

Architektur
im Wandel der Zeit
Architecture that
changes with the times

Macht

Apokalypse

Metropol

Ideal

Stephansplatz

Erinnerung

Hochkultur

Konservation

Ökonomie

Atlantis

Zeitgeist

Wohnbau Sillblock,
Innsbruck, offener Wettbewerb,
1. Platz, fertiggestellt.
Der Schwerpunkt des Entwurfs liegt
in der klaren Trennung von Innen und
Außen. Straßenseitig integriert sich die
U-förmige Blockrandbebauung bewusst
unauffällig, nach innen umfasst der
zweigeteilte, sich verjüngende Baukörper einen neuen, attraktiven Platz
rund um die bestehenden Linden.
Die »zwei Seiten« des Wohnbaus sind
auch an der Materialität und Formen-
sprache der Fassaden manifestiert.
Alle Wohnungen orientieren sich
hofseitig und werden von einer »Balkon-
arena«, die sich als schwungvolle
Betonbrüstung abbildet, begleitet.
Besondere Qualität liegt in der Vielfäl-
tigkeit und Flexibilität der Grundrisse.

Sillblock Residential Complex,
Innsbruck, open competition,
1st place, completed.
The focus of the design lies in the
clear separation between interior
and exterior. Towards the street, the
U-shaped block building is deliberately
integrated inconspicuously. On the
interior, the two-part, tapered
structure encompasses a new and attractive space around the existing old
Linden trees. The »two sides« of the
residential construction are mirrored
in the materiality and formal language
of the façades. All apartments are
oriented towards the courtyard and are
accompanied by a »balcony arena«,
formed by a sweeping concrete para-
pet. The diversity and flexibility of the
floor plans is of very special quality.

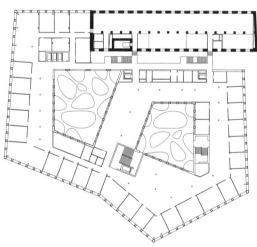

Konzernzentrale Österreichische Post AG am Rochus, Wien
offener Generalplanerwettbewerb, 1. Platz, in Bau.
Das städtische, komplexe Bürogebäude integriert Alt- und Neubau in einem klaren, identitätsstiftenden Baukörper. Ein großzügiges Atrium als verbindendes Element zwischen Alt und Neu schafft Orientierung und eine Zwischenzone, in der die gesamte Erschließung der Büroräume für 1.200 Arbeitsplätze untergebracht und entflechtet sind. Die Fassade mit rhythmischer, reliefartiger Struktur repräsentiert die Institution der Postzentrale zeitlos prägnant im Stadtraum.

In Kooperation mit feld72.

Österreichische Post AG Headquarters Am Rochus, Vienna,
open architect engineer competition, 1st place, under construction.
The complex and urbane office building integrates old and new in a clear building that generates a strong identity. A generous atrium acts as a link between the old and the new, providing orientation within an intermediate zone within which all access ways to the offices, with a total of 1,200 workspaces, are adeptly arranged. The rhythmic, relief-like structure of the façade timelessly and concisely exemplifies the institution of the central post office in an urban environment.

In collaboration with feld72.

Volksschule, Absam
offener Generalplanerwettbewerb,
1. Platz, in Bau.
In der kleinen Tiroler Gemeinde Absam
soll das denkmalgeschützte Schulgebäude mit einem Kindergarten,
einer Dreifach-Sporthalle und einer
Musikschule erweitert werden. Das
neue Ensemble setzt auf Zurückhaltung
und Dialog. Die Sporthalle wird unter
der fein strukturierten Außenfläche
zwischen dem neuem zweigeschoßigen
Kindergarten und dem Schulgebäude
eingebettet. Holzkonstruktion, Fassaden
mit klassischem Kratzputz und Öffnun-
gen werden analog zu den traditionellen
Bauernhäusern der Gemeinde gestaltet.

Elementary School, Absam
open architect engineer competition,
1st place, under construction.
In the small Tyrolean village of Absam,
a kindergarten, a triple gymnasium,
and a music school are to be added to
the historic listed building. The new
ensemble relies on modesty and
dialogue. The gym will be nestled
beneath the finely textured outside
area between the new, two-story
kindergarten and the school building.
The wooden structure, façades with
classic sgraffito, and apertures are
all designed to awaken associations
with the traditional farmhouses of the
community.

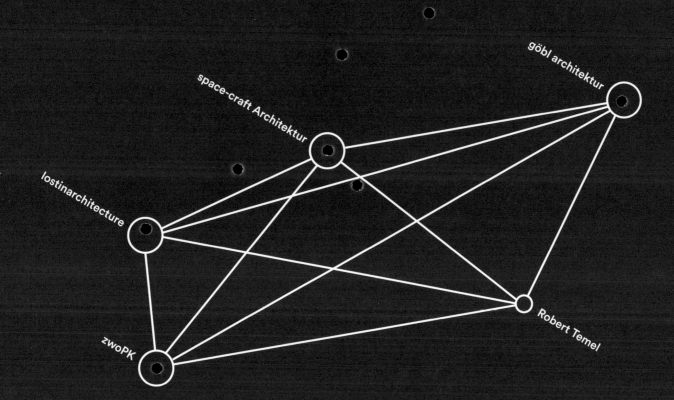

göbl architektur

space-craft Architektur

lostinarchitecture

zwoPK

Robert Temel

»Wir sollten Architektur öfter neu denken«

Werkstattgespräch 2
Studio Talk 2

27. Jänner 2015
Büro lostinarchitecture
Neubaugasse 77
1070 Wien

Mit zwoPK (Philipp Rode, Chris Wagner),
göbl architektur (Lukas Göbl),
lostinarchitecture (Connie Herzog,
Gerfried Hinteregger, Beate Bartlmä,
space-craft Architektur (Sandra Häuplik-
Meusburger, Verena Holzgethan),
Moderation: Robert Temel

With zwoPK (Philipp Rode, Chris Wagner),
göbl architektur (Lukas Göbl),
lostinarchitecture (Connie Herzog,
Gerfried Hinteregger, Beate Bartlmä,
space-craft Architektur (Sandra Häuplik-
Meusburger, Verena Holzgethan),
Host: Robert Temel

↑ Glossar S. 2
↑ Glossary p. 2

Wie ist eure Lebenssituation? Wie schafft ihr es, den Beruf mit eurem Privatleben zu vereinbaren?

Chris Wagner, zwoPK   Es braucht große Flexibilität! Wir sind drei gleichwertige Partner und haben wenig Mitarbeiter, meistens Praktikanten, deshalb gibt es bei uns keine traditionellen Bürozeiten. Jeder nimmt sich die Freiheiten, die er braucht, jeder hat Nebenjobs, etwa in der Lehre.

Philipp Rode, zwoPK   Meine persönliche Situation, ich habe eine 16 Monate alte Tochter, hat vieles umgestoßen, was davor möglich war. Ich arbeite im gemeinsamen Büro und auch in Lehre und Forschung. Es war immer normal, dass wir lang gearbeitet haben. Jetzt gibt es als fixe Deadline den Kindergarten am Nachmittag, und was bis dahin nicht fertig ist, muss am Abend gemacht werden. Meine beiden Partner haben schon größere Kinder, die aus dem Gröbsten draußen sind.

Sandra Häuplik-Meusburger, space-craft Architektur
Bei uns ist das ähnlich – wir sind zu zweit im Büro, ich als Architektin und Verena als Landschaftsarchitektin, zusätzlich haben wir auch Nebenjobs. Ich bin jetzt auch in einer spannenden Zeit – mit einem 19 Monate alten Sohn –, dadurch ändert sich alles. Wir müssen uns neu organisieren, das nachts Durcharbeiten geht nicht mehr. Und Kinder kommen als Ausrede – vor allem einer Frau – ganz schlecht an.

Verena Holzgethan, space-craft Architektur   Ich habe einen 14 Monate alten Sohn. Ich habe zuvor zur Hälfte in einem Landschaftsarchitekturbüro gearbeitet und zur Hälfte in unserem Büro. Ich kann nur unterstreichen, dass mit dem Kind große berufliche Veränderungen verbunden sind, man hat nicht mehr so viel Platz im Kopf für die berufliche Sphäre. Jetzt gibt es auch unkonventionelle Arbeitssituationen, beispielsweise am Spielplatz oder im Park statt im Büro.

Beate Bartlmä, lostinarchitecture   Ich habe keine Kinder, aber viel Erfahrung, wie es ist, mit Eltern zusammenzuarbeiten. Bis die Kinder zwei Jahre alt sind, ist alles schwierig, aber danach beruhigt es sich ja auch wieder. Und im Büro ergänzt man sich eben.

Connie Herzog, lostinarchitecture   Das ist das Gute an Teams, dass man nicht alles selber machen muss, sich auch austauschen kann, Kritik erhält, aber vor allem, dass nicht alles an einer Person hängt. So kann man leichter mit dem Alltag umgehen und muss nicht täglich von 9 bis 20 Uhr arbeiten. Man arbeitet dann eben einmal von 20 bis 24 Uhr, weil 14 bis 20 Uhr nicht möglich war. Mein Lebensgefährte ist auch flexibel, dadurch ist es leichter. Wenn er einen fixen Job hätte, wäre das für mich eine Katastrophe. Und man lernt viel effizienter zu arbeiten.

Gerfried Hinteregger, lostinarchitecture   Ich habe noch keine Kinder, aber noch einen anderen Job, und ich unterrichte an der Fachhochschule. Ich glaube, wir ergänzen uns gut und fangen gegenseitig Spitzen ab. Mir ist es wichtig, eine gute Work-Life Balance zu halten. Ich arbeite gern und habe gern Freizeit. Und mit einem Kind hat man eben noch einen anderen Schwerpunkt.

Lukas Göbl, göbl architektur   Ich bin seit 18 Jahren in Wien und habe nach dem Studium ein Büro gegründet, explizit architecture. Mein Vater ist auch Architekt, und das seit

»We should rethink architecture more often«

What is your living situation like? How do you manage to balance your personal life and your career?

Chris Wagner, zwoPK   It takes a lot of flexibility! We are three equal partners and have only a few employees, mostly interns. This is why we don't have conventional office hours. Each person takes the liberties he or she needs. We all have side jobs, teaching, for example.

Philipp Rode, zwoPK   In my personal life, having a 16-month-old daughter has really bowled over what I once was able to do. I work in our shared office as well as in teaching and research. I always thought it was normal to work long hours. Now, I have a fixed afternoon deadline set by kindergarten. Anything not finished by then must be done at night. Both of my partners' children are somewhat older and out of the rough bit.

Sandra Häuplik-Meusburger, space-craft Architektur
We are in a similar situation. It's the two of us in the office. I am an architect, Verena a landscape architect, and we both have side jobs. I am going through an exciting phase as well: I have a 19-month-old son and everything has changed. We have had to reorganize our lives; working through the night is no longer an option. And kids are not considered a valid excuse – especially not for a woman.

Verena Holzgethan, space-craft Architektur   My son is 14 months old. I used to split my work hours evenly between a landscape architecture office and our office here. I can only reiterate that having a baby brings about significant changes to one's professional life. There is not as much time to think about work. In addition, work gets done in non-traditional places, such as in the park or on the playground.

Beate Bartlmä, lostinarchitecture   I don't have children, but I do have lots of experience working together with parents. Everything is very complicated until the children are two years old. However, things then calm down again after that. And at the office it's just a matter of helping each other out.

Connie Herzog, lostinarchitecture   That's the advantage of working in a team. You don't have to do everything yourself. You can have discussions and get feedback. What is best, however, is that not everything is up to one person. This makes everyday life more manageable and keeps you from having to work from 9 a.m. to 8 p.m. every day. Sometimes you work from 8 p.m. to midnight, because working from 2 p.m. to 8 p.m. wasn't feasible. My significant other is flexible as well, which makes things a lot easier. If he had a job with set working hours it would be a disaster for me. Also, one learns how to work more efficiently.

Gerfried Hinteregger, lostinarchitecture   I don't have children yet but I do have another job and I also teach at the technical college. I think we complement each other quite well and help balance each other's workload spikes. It is important to me to maintain a good work-life equilibrium. I like working but I also like having time off. And a child brings in yet another focus.

Lukas Göbl, göbl architektur   I've lived in Vienna for 18 years and started an architecture firm after graduating from university. My father has been an architect in Krems

40 Jahren in Krems. Im letzten Jahr habe ich die beiden Büros zusammengelegt und eine GmbH gegründet mit zwei Standorten. Ich muss regelmäßig hin und her fahren, weil wir Aufträge in Wien und Niederösterreich haben. Mit diesem Zusammenschluss wurde für mich die Frage der Büroorganisation wichtig. Ich habe mir von einer Branding-Agentur helfen lassen, das war fast wie beim Psychologen. Und ich habe gelernt, dass ich verstärkt delegieren muss. Ich wollte immer alles selbst machen, aber man muss gute Leute haben und ihnen Aufgaben genau erklären oder besser skizzieren.

for four decades now. Last year, I merged both offices and established a company with two locations. I drive back and forth regularly because we have jobs in Vienna as well as in Lower Austria. The merger made office organization a very important issue for me. I sought the help of a branding agency and the experience was almost like consulting a psychologist. I learned that I have to focus more on delegating tasks. I used to always try to do everything myself. However, having good people and explaining the jobs in detail to them or, even better, making sketches to explain, is important.

**Es war immer normal, dass wir lang gearbeitet haben.
Jetzt gibt es als fixe Deadline den Kindergarten am Nachmittag.**

I always thought it was normal to work long hours.
Now, I have a fixed afternoon deadline set by kindergarten.

Philipp Rode, zwoPK   Wir haben alle begrenzte Ressourcen. Es ist daher für uns eine Frage, ob es überhaupt sinnvoll ist, Projekte anzunehmen, die oft ganz kurzfristig erledigt werden müssen.

Philipp Rode, zwoPK   We all have limited resources. For this reason, we have to ask ourselves whether it even makes sense to take on projects that often have very tight deadlines.

Sandra Häuplik-Meusburger, space-craft Architektur
Man könnte doch ein befreundetes Büro ins Boot holen?

Sandra Häuplik-Meusburger, space-craft Architektur
Would it make sense to bring in a partner company?

Connie Herzog, lostinarchitecture   Kann man mit jemandem, der sympathisch ist, auch automatisch gut zusammenarbeiten? Wir haben alle sehr individuelle Ansätze, dann bereut man das vielleicht nach einer Woche schon. In der Entwurfsphase finde ich das schwierig, aber in der Polier- und Detailplanung kann es schon funktionieren.

Connie Herzog, lostinarchitecture   Is it automatically possible to work well with someone you like? We all have very different approaches. We might regret the decision after a week has passed. I think it would be complicated in the design phase, while it definitely might work in the polishing and detailed planning phase.

Sandra Häuplik-Meusburger, space-craft Architektur
Man könnte zumindest Mitarbeiter teilen, das haben wir einmal gemacht. Wenn man jemanden nicht für 40 Stunden braucht, gibt man ihn für zwei Tage an ein anderes, befreundetes Büro weiter.

Sandra Häuplik-Meusburger, space-craft Architektur
At the very least, we could share employees; we've done that before. When we don't need an employee for a full 40 hours, we pass them on to work at another firm for two days.

Wie sieht es im Vergleich dazu mit der Lebenssituation derjenigen aus, die eure Gebäude und Freiräume nützen? Wie viel wisst ihr über eure NutzerInnen? Und woher wisst ihr es?

In comparison, what does the lifestyle of those who use your buildings and open spaces look like? How much do you know about your users? And how did you find it out?

Lukas Göbl, göbl architektur   Da gibt es zwei Bereiche, einerseits Projekte, bei denen irgendwer Nutzer ist, von dem man nichts weiß, beispielsweise beim sozialen Wohnbau. Und Projekte, bei denen man ein Gegenüber hat, da ist es natürlich einfacher. Man muss nicht gerade bei den Leuten wohnen wie Frank Lloyd Wright, aber schauen, was die wollen. Natürlich nicht formal, das entscheide ich, aber was für Vorstellungen haben sie, in welcher Lebenssituation sind sie, wie sind sie organisiert, egal ob als Familie oder im Betrieb. Interessant an unserem Beruf ist, dass wir so verschiedene Personen kennenlernen. Wenn der Kontakt nicht möglich ist, dann wird es schwieriger. Dann muss man vorausschauend agieren und sich ansehen, was es bisher gab, was sich bewährt hat, das reicht ins Feld der Soziologie.

Lukas Göbl, göbl architektur   There are two categories. One with projects where the user is someone we have no information about, such as in the case of public housing. Then there is the project category where you have a contact person. The second case is much easier, of course. There is no need to live with people, like Frank Lloyd Wright. However, it is important to find out what they want. Not in terms of form, naturally, since that's my decision. However, it is important to know what they envision, what their lives are like, how they are organized, regardless of whether as a family or an organization. What's interesting about our profession is the broad range of people we meet. Work becomes more difficult when it's not possible to have contact. That's when you have to act with foresight and take a look at what there was before, what has worked before – it overlaps with the field of sociology.

Sandra Häuplik-Meusburger, space-craft Architektur
Die Wechselbeziehung zwischen Nutzer und Architektur ist mein Hauptthema. Wir forschen über die Beziehung zwischen Architektur und Benutzern in Extremsituationen, zum Beispiel im Weltraum, in der Polarforschungsstation, oder bei Wohnungslosen und Flüchtlingen. Wenn man Extremsituationen betrachtet, fällt auf, dass es eigentlich ganz simpel ist, was die Leute wollen. Die Grundbedürfnisse sind nicht anders als in weniger extremen Situationen, nur meist nicht so offensichtlich.

Lukas Göbl, göbl architektur Die meisten Auftraggeber wissen zu Beginn nicht, was sie wollen. Das entsteht erst im Prozess. Am Anfang ist das vage, dann führen wir den Dialog, und erst dabei klären sich oftmals die Rahmenbedingungen. Es ist dann ein schöner Moment, wenn ein Auftraggeber eine Flasche Wein öffnet und sagt »Das ist es!« Aber so etwas dauert, das sollte man auch beim Honorar bedenken.

Beate Bartlmä, lostinarchitecture Die Tendenz geht heute dahin, dass das gemeinsame Finden des Programms Teil der Arbeit ist. Man startet nicht mit dem Entwerfen und das ist es dann, sondern man braucht davor Zeit, Mitbestimmung ist ein stärkeres Thema. Bei Einfamilienhäusern wissen die Leute eher, was sie nicht wollen, als was sie wollen. Es geht also darum, sie zu unterstützen, ihre Wunschbilder artikulieren zu können.

Connie Herzog, lostinarchitecture Ich hätt als Studentin nicht gedacht, dass für diesen Beruf so viel Psychologie nötig ist, dass Auftraggeber so verschieden sein können. Man muss ihnen zuhören und sie ans gemeinsame Ziel begleiten.

Chris Wagner, zwoPK In der Freiraumgestaltung ist Beteiligung schon länger ein Thema. Wir machen ständig Beteiligungsprozesse, ob im urbanen Freiraum oder bei Privatgärten. Und ich finde Bürgerbeteiligung grundsätzlich positiv.

Philipp Rode, zwoPK Bei vielen unserer Projekte haben wir sehr intensives Wissen über unsere Nutzer, beispielsweise bei den Asperner Baugruppen↑. Da sind die zukünftigen Bewohner bekannt, das ist spannend und herausfordernd, auch wirtschaftlich. Der Vorteil dabei ist das persönliche Feedback, die Wertschätzung gegenüber unserer Profession. Das entschädigt für vieles. Man darf die Nutzer nicht unterschätzen, man muss sie auf Augenhöhe befragen, den Rahmen klarstellen, dann wünschen sie sich nichts Borniertes oder Unmögliches. Dieses Narrativ, allen sind alle anderen egal, stimmt nicht.

Sandra Häuplik-Meusburger, space-craft Architektur
Ich glaube, jeder weiß genau, was er will, die Nutzer sind auch Experten. Auf den ersten Blick ist es vielleicht irritierend und mühsam, wenn sie mitreden, aber es geht um Kommunikation: Wir müssen herausfiltern, was die Nutzer sagen wollen, die kommunizieren nicht auf der gleichen Ebene, da muss man sich annähern.

Connie Herzog, lostinarchitecture Einerseits gibt es die Baugruppen, wo Planung intensiver wird, aber andererseits habe ich die Erfahrung gemacht, dass immer mehr Investoren bei der Planung kürzen, wir entwerfen sozusagen gleich mit dem Einreichplan, einen Polierplan braucht es gar nicht mehr. Wir müssen eigentlich den Planungsprozess umdenken, das ist extrem wichtig für die Qualität der Resultate. Es geht nicht nur um Rendite, sondern auch um die Benützbarkeit der Stadt.

Philipp Rode, zwoPK Das ist das Problem mit vielen Bauträgerprojekten, die sind für uns als Landschaftsarchitekten mittlerweile uninteressant. Die Bausumme der Freiräume ist im Vergleich zum Hochbau oft unter der Wahrnehmbarkeitsschwelle, und trotzdem wird dann noch gekürzt bei der Planung und der Ausführungsqualität.

Sandra Häuplik-Meusburger, space-craft Architektur
My primary focus is the correlation between user and architecture. We research the relationship between architecture and users in extreme situations, such as in space, at polar research stations, or with homeless people and refugees. When looking at extreme situations, it becomes evident that what people want is very simple. Basic needs are no different for less extreme situations, they are just not as obvious in many cases.

Lukas Göbl, göbl architektur Most clients don't know what they want at first. It emerges through the process. In the beginning it's vague, and then we start talking, and that is frequently when the framework is clarified. The moment when a client opens a bottle of wine and says, »That's it!« is a wonderful one. Getting there takes a while and should be taken into account when quoting the fee.

Beate Bartlmä, lostinarchitecture Nowadays, there is a tendency towards making the joint search for a theme part of the job. You don't just started designing and that's it. You have to take time beforehand; participation has become a more important issue. When it comes to single-family residences, people usually know what they don't want instead of what they do want. Therefore, it's a matter of supporting them in articulating the images in their minds.

Connie Herzog, lostinarchitecture When I was a student, I would not have thought that so much psychology is needed in the profession, or that clients can be so different. You have to listen to them and support them in reaching a common goal.

Chris Wagner, zwoPK Participation has long been a topic in open space design. We often go through participation processes, whether in urban open space on in private gardens. I basically think that citizen participation is a good thing.

Philipp Rode, zwoPK For many of our projects, we truly have in-depth information about our users, such as with the Baugruppen↑ in Aspern. There, we know the future residents, something that makes the jobs exciting, challenging, and also economical. We benefit from the personal feedback and from the appreciation for our profession, which makes up for a lot. Underestimating users would be a mistake. We must consider them equals when asking for their input and clarifying the framework. When we do this, they don't make narrow-minded or impossible demands. The myth that nobody cares about other people is simply not true.

Sandra Häuplik-Meusburger, space-craft Architektur
I believe that people know exactly what they want; users are experts as well. Letting them have a voice might be irritating or cumbersome at first. However, it's all about communication: We have to filter what users are trying to say; they don't communicate in the same way. It is our job to close this gap.

Connie Herzog, lostinarchitecture There are Baugruppen where planning is indeed more intensive. On the other hand, my experience is that more and more investors are taking shortcuts in planning. In other words, the submission blueprint is also our final design, and there's no need seen for final polishing after that. Actually, we have to rethink the planning process. Doing so is extremely important for the quality of results. It's not just about the return on investment but also about the usability of the city.

Philipp Rode, zwoPK That's the problem with many building contractor projects, they have now become uninteresting for us. The construction costs for open space are barely noticeable compared to building construction. Yet they are cut back even further when it comes to planning and quality of execution.

Verena Holzgethan, space-craft Architektur Man beginnt mit einem Entwurf, der ohnehin schon reduziert ist, und am Ende kommt dann nur Asphalt und Rasen raus, weil alles eingespart wird. Da fragt man sich, wo ist die Energie geblieben.

Lukas Göbl, göbl architektur Das ist ein grundsätzliches Thema: Was für eine Leistung ist mit Architektur, mit Landschaftsarchitektur verbunden? Das ist ein kultureller Wert, wir arbeiten wie verrückt, um etwas zu verbessern! Es gibt Bauträger, die wollen es immer nur schnell und billig, aber der wirtschaftliche Erfolg von Projekten hängt von der Planung, vom Hirnschmalz ab!

Chris Wagner, zwoPK Es geht um Qualitätssicherung. Bei der Wohnbauförderung zum Beispiel gibt es den Grundstücksbeirat, der sieht einen Entwurf, aber dann in der Ausführung erinnert sich keiner mehr an die Planung.

Philipp Rode, zwoPK Wir haben beispielsweise kürzlich einen Freiraumwettbewerb gewonnen. Aber es gibt im Planungsprozess kein Instrument, das sicherstellt, dass der Entwurf aus dem Wettbewerb auch nur halbwegs umgesetzt wird.

Sandra Häuplik-Meusburger, space-craft Architektur Da ist die Ausbildung ganz wichtig, es arbeiten ja dann auch manche, die Architektur oder Landschaftsarchitektur studieren, in der Stadtverwaltung oder bei Investoren. Auch die Zusammenarbeit mit Landschaftsarchitekten ist in der Ausbildung selten und hat keine Priorität.

Philipp Rode, zwoPK Dabei sollten wir im Städtebau die Ersten sein. In der städtebaulichen Rahmenplanung geht es darum, die Gebäudekonfiguration gemeinsam zu entwickeln. Da hatten wir schon einige Auseinandersetzungen mit Architekten der old school, die meinen, das ist ein reines Architektenthema. Aber wir sind der Meinung, das muss sich aus der Umgebung, der Landschaft, dem Freiraum entwickeln, das braucht fruchtbare Auseinandersetzung zwischen den Professionen.

Wie wesentlich ist Kooperation für eure Arbeit? Mit wem kooperiert ihr, welche Ziele verfolgt ihr mit Kooperation?

Chris Wagner, zwoPK Wir machen viele Kooperationen auf verschiedenen Ebenen – vom sozialen Partner Greenlab↑ an der Schnittstelle von Arbeitsmarktpolitik, Stadtentwicklung und Landschaftsarchitektur bis zu Künstlern, etwa für den Südtiroler Platz, das sind unsere Nischen. Kunst ist ein Randbereich, der hilft, mit großen Büros konkurrieren zu können.

Philipp Rode, zwoPK Das tägliche Brot ist die Kooperation mit Architekten, wenn diese Schnittstelle nicht funktioniert, kommen schlechte Projekte heraus. Beispielsweise wenn es um die Verknüpfung von Freiraum und Erdgeschoßzone geht, das geht nur gemeinsam.

Chris Wagner, zwoPK Wir sind zukünftig nur konkurrenzfähig, wenn wir neue Arbeitsfelder finden, zum Beispiel Zwischennutzungen und temporäre Projekte, die wir oftmals auch selber generieren – dann sind ein Elternverein oder eine Schulklasse Kooperationspartner, das ist dann ein ganz anderer Planungsprozess. Wir überlegen: Was ist nötig für die Stadt, was müsste man machen. Bei Bewerbungsverfahren mit Referenzen haben kleine Büros keine Chance.

Lukas Göbl, göbl architektur Ich kooperiere freiwillig nicht so viel, weil ich Arbeit nicht auslagern will, sondern etwas zu tun haben muss für meine Mitarbeiter. Deshalb

Verena Holzgethan, space-craft Architektur You start with a draft that is already reduced to a minimum and, since it has to be cut back again, you end up with nothing but asphalt and lawn. That's when you ask yourself where all the energy went.

Lukas Göbl, göbl architektur The issue here is fundamental: What kind of service is associated with architecture and with landscape architecture? We are talking about cultural value here. We are working like crazy in order to improve something! Some building contractors just want it fast and cheap, but the economic success of projects depends on planning, on investing brainpower!

Chris Wagner, zwoPK This is about quality assurance. When residential construction is subsidized, one of the entities with input is the Land Advisory Board. It reviews the design, but when it comes to implementation, nobody remembers the plan.

Philipp Rode, zwoPK For example, we recently won a competition for open space design. Yet, the planning process does not provide a way to ensure that the design entered into the competition is even partially implemented.

Sandra Häuplik-Meusburger, space-craft Architektur This is where education is very important. After all, students of architecture and landscape architecture are also employed by the city administration and investors. Collaboration between students and landscape architects is rare and not seen as a priority.

Philipp Rode, zwoPK And this although we should have top priority in urban development. At the core of urban outline planning lies the task of jointly developing the configuration of structures. In this regard, we've had several discussions with old school architects who believe this is a task reserved for architects only. We, on the other hand, believe that a plan must be developed based on the environment, landscape, and open space. It requires a productive exchange between professions.

How significant is collaboration for your work? With whom do you collaborate? What do you want to get out of collaboration?

Chris Wagner, zwoPK We collaborate a lot and at many levels – starting with our social partner Greenlab↑ at the interface of labor market policy, urban development, and landscape architecture all the way to artists, such as in the case of the Südtiroler Platz. These are our niches. Art is a marginal area that gives us an edge when competing with large firms.

Philipp Rode, zwoPK Collaboration with architects is our bread and butter. This interface must work for projects to be successful. For example, a joint effort must be made when connecting open space and ground floor areas.

Chris Wagner, zwoPK The only way for us to remain competitive in the future is by finding new fields of work, such as interim use, or temporary projects that we frequently generate ourselves. In these cases, our collaborators are parent associations or a class of students, which makes for a completely different planning process. We think about what the city needs and what should be done. Small firms don't have a chance when it comes to bidding processes with references.

Lukas Göbl, göbl architektur When I have the choice, I don't collaborate all that much because I don't like outsourcing. I'd rather have work for my employees to do.

1 Lukas Göbl
2 Robert Temel
3 Chris Wagner
4 Philipp Rode
5 Beate Bartlmä
6 Gerfried Hinteregger
7 Connie Herzog
8 Sandra Häuplik-Meusburger
9 Verena Holzgethan

göbl architektur 1

space-craft Architektur 8 9

lostinarchitecture 5 6 7

zwoPK 3 4

6

7

8

9

machen wir selbst so viel wie möglich. Und natürlich muss man für Wettbewerbe mit großen Büros kooperieren, die stempeln, damit man Referenzen hat. Es sollte eine Verpflichtung geben, dass bei Wettbewerben junge Büros teilnehmen können.

Connie Herzog, lostinarchitecture Auftraggeber verlieren großes Potenzial, weil bei Jungen etwas anderes herauskommt als bei Alteingesessenen. Bei Wettbewerben, die uns interessieren, wird immer ein Jahresumsatz verlangt, da haben wir keine Chance. Wenn man nicht fünf Krankenhäuser gebaut hat, kann man nicht mitmachen.

Die Bilder sind in den letzten Jahren zu wichtig geworden, wir müssen mehr Konzept einfordern.

Images have been given too much weight in recent years; we must demand more in terms of concept.

Sollen sich (Landschafts-)Architekturbüros spezialisieren? Wenn ja, auf was? Und wie positioniert man sich heute als (Landschafts-)Architekturbüro?

Lukas Göbl, göbl architektur In der Architektur glaubt jeder alles zu können, das ist beispielsweise ganz anders bei Rechtsanwälten, da macht nicht jeder alles vom Strafrecht bis zum Vertragsrecht. Aber wir haben keinen unendlich großen Markt und sind unendlich viele kleine Büros, deshalb ist es schwierig, sich auf ein Thema festzulegen. Außerdem interessiert mich einfach zu viel. Für die Außenwahrnehmung täte es natürlich gut, wenn klar wäre: Die machen das! Spezialisieren kann man sich aber nicht nur auf bestimmte Typen, sondern auch auf eine Haltung: Manches mache ich nicht. Es gibt Aufgaben, bei denen wird es schwierig, zum Beispiel, wenn ein Auftraggeber eine große Garage, aber kleine Kinderzimmer will.

Beate Bartlmä, lostinarchitecture Im kleinen Rahmen kann Spezialisierung ein Profil, eine Herangehensweise sein. Wir sind offen nach außen, machen Kunstprojekte im öffentlichen Raum, das ist eine Identität, aber nichts Ausschließendes.

Chris Wagner, zwoPK Vielleicht geht es weniger um Spezialisierung als um Strategie. Ich habe ein Interview gelesen mit Herzog/de Meuron, die meinten, dass es mittel- bis langfristig keine kleinen Büros mehr geben wird, weil die großen alles besser können. Dagegen muss man strategisch auftreten, das ist fast eine Guerilla-Technik, dass man diesen eingebildeten Schnöseln zeigt, dass sie unrecht haben. Es geht um eine Strategie, wie man an Aufträge herankommt, bei denen große Büros aufs Glatteis geraten, die wir leichter realisieren können.

Philipp Rode, zwoPK Zu einer solchen Strategie gehört es, dass man standardisierte Leistungsbilder teils verlässt. Wenn man eine Idee für ein Projekt hat, das selber entwickelt und managt, neue Felder entdeckt, dann hat man mehr Gestaltungsspielraum – etwa bei Baugruppen↑, bei denen nicht nur das Geld zählt. So ein Projekt ist oftmals für Bauträger uninteressant. Die haben ihre festgelegten Verfahrensabläufe.

This is the reason we handle as much as possible in-house. Of course, when it comes to important competitions you have to collaborate with big firms, to get their name stamped on the project as a reference. Of course, there should be a mandate to allow up-and-coming firms to participate in competitions.

Connie Herzog, lostinarchitecture Clients miss out on great opportunities because young firms produce results that differ from those submitted by companies with a long tradition. We have no chance at participating in competitions that interest us because participation is based on annual revenue. Until you've built five hospitals, you're not allowed to throw your hat in the ring.

Is specialization an advantage for (landscape) architect firms? If so, what should they specialize in? How do you position yourselves as a (landscape) architecture firm these days?

Lukas Göbl, göbl architektur In architecture, everyone thinks they can handle all aspects themselves. Lawyers, for instance, are completely different; they don't all provide every service from criminal law through to contract law. Our market, on the other hand, is not very big and has a large number of small firms competing. This is why it's so difficult to commit to a single specialty. Besides, I am simply interested in too many areas. From a marketing perspective it would certainly be helpful for customers to know: This is what these guys do. Still, when specializing, the selection is not limited to specific project types. One can just as well take a stand: There are projects I will not accept. Some jobs are just difficult to stomach, such as a client who wants a large garage, but small bedrooms for the children.

Beate Bartlmä, lostinarchitecture When done without fanfare, specialization can create a profile, a way of approaching projects. We are open to the world out there; we produce art projects in public spaces. It helps create an identity that nevertheless doesn't exclude anything.

Chris Wagner, zwoPK Perhaps it's less about specialization and more about strategy. I read an interview with Herzog/de Meuron where they opined that sooner or later there won't be any small firms anymore because the large ones do a better job of everything. It is important to develop a strategy against this kind of thinking. It almost takes guerilla tactics to show those self-important snobs how wrong they are. It's about creating a strategy to reel in projects that might get larger firms into hot water, but are easier for us to manage.

Philipp Rode, zwoPK Deviating from standardized performance profiles is part of this type of strategy. When you have an idea for a project that you develop and manage in-house, when you discover new fields, then you have more leeway in terms of creativity. This is the case with the Baugruppen↑, who have objectives apart from money. Frequently, such projects are of no interest to building contractors, since they have their set procedures.

Gibt es eurer Meinung nach so etwas wie eine aktuelle Tendenz in der Wiener Szene der (Landschafts-)ArchitektInnen? Gibt es brennende Themen, ähnliche Vorgangsweisen und Positionierungen?

Lukas Göbl, göbl architektur   Es gibt große Unterschiedlichkeiten. Man hat heute unmittelbaren Zugriff auf die ganze Welt, auf Kraut und Rüben. Eventuell ist das ein Grund, dass sich das Gemeinsame nicht so entwickeln kann. Die Szene ist unüberschaubar. Das Problem ist auch, dass sich viele zwar junge Architekten nennen, aber das meiste, was getan wird, ist austauschbar, ist Altes in neuen Kleidern.

Sandra Häuplik-Meusburger, space-craft Architektur Es gibt so viel im Moment, jede Woche mehrere Vorträge, Ausstellungen, es ist schwierig, das alles zu filtern. Ich finde das aktuelle Projekt für Flüchtlingswohnen bei der IG-Architektur↑ sehr interessant. Das ist ein soziales Thema, interessiert viele, und einige Architekten wollen in der Freizeit etwas dafür tun. Da geht es um die Rolle der Architektur.

Chris Wagner, zwoPK   Man braucht sich nur Studierende bei Wettbewerben anschauen. Die können alles genauso professionell darstellen wie die Großen, das geht auf Kosten der Innovation. Aber sie freuen sich, dass sie mithalten können.

Sandra Häuplik-Meusburger, space-craft Architektur Die Studierenden trauen sich oft nicht und machen, was sie kennen. Die brauchen die Punkte, es gibt die Studienbeihilfe. Wenn man vielleicht am Anfang einen Monat »gesponnen« hat und das ist nicht gut angekommen, dann macht man eben, was Architekten so machen.

Lukas Göbl, göbl architektur   Man muss aufpassen, dass man bei Wettbewerben nicht die Darstellung überbewertet. Wir brauchen mehr Zeit für die Entwicklung und nicht, dass jedes Büro drei Renderings abliefert, die kann in Wirklichkeit keiner mehr sehen.

Connie Herzog, lostinarchitecture   Manchmal ist vorgegeben, dass es keine Schaubilder geben darf, das ist angenehm. Dann kann man sich wieder dem Inhalt, der Sache widmen, statt viele Stunden für die Oberfläche zu opfern. Die Bilder sind in den letzten Jahren zu wichtig geworden, wir müssen mehr Konzept einfordern. Und zurück zu Arbeitsmodellen! Bei den Bildern kann man ja alles einstellen, aber wenn man es dann baut: Oje!

Lukas Göbl, göbl architektur   Wir sollten Architektur öfter neu denken. Ich frage mich manchmal, ist das so gescheit, wie wir es machen, wie wir es gelernt haben, beispielsweise bei Raumhöhen und Konfigurationen? Wieso geht das nicht auch ganz anders?

Welche Bedeutung hat der Wettbewerb für euch?

Lukas Göbl, göbl architektur   Wir brauchen mehr zweistufige Verfahren, wo die erste Stufe offen ist und es nur Skizzen und Konzepte gibt, und dann wird in der zweiten Stufe mit Bezahlung ausgearbeitet.

Connie Herzog, lostinarchitecture   Gründe für Wettbewerbe waren doch früher, dass man neue Sichtweisen, tolle Ideen, Innovationen erhält – aber das fehlt heute komplett, es geht nur mehr darum, wer kriegt den Auftrag, wie sind die Kosten, wie effizient ist das.

Sandra Häuplik-Meusburger, space-craft Architektur Das gute an Wettbewerben ist auch, dass man Aufträge nicht nur aus dem Umfeld bekommt, sondern bei einem anderen Thema, einer anderen Dimension Fuß fassen kann.

In your opinion, is there such a thing as current trends in the Viennese (landscape) architecture scene? Are there any hot topics, parallel methodologies, or similar approaches?

Lukas Göbl, göbl architektur   There is great diversity. Nowadays everybody has direct access to the entire world and all it has to offer. This might be a reason that it is not easy for common ground to develop. The scene is highly diverse. Another problem is that although many call themselves young architects, most of what they are doing is interchangeable – old stuff dressed up in new clothing.

Sandra Häuplik-Meusburger, space-craft Architektur There is a lot going on right now, lectures and exhibitions every week; it is difficult to filter through everything. What I find very interesting right now is the refugee housing project at the IG-Architektur↑. It is a social issue, many are interested in it, and many architects want to make a contribution. It's about the role of architecture.

Chris Wagner, zwoPK   Just take look at students in competitions. They are able to present everything with the same professionalism as applied in large firms. This takes its toll on innovation. Still, they are happy as long as they can keep up.

Sandra Häuplik-Meusburger, space-craft Architektur Students often lack courage and do what is familiar. They need the points; there are student grants to be had. Perhaps you »let your fantasy carry you away« for a month in the beginning and if your ideas were not well received, then you went back to doing what architects do.

Lukas Göbl, göbl architektur   You have to be careful not to put too much emphasis on representation in competitions. We need more time for development instead of each firm submitting three renderings. Truth be told, nobody is really interested in them anymore.

Connie Herzog, lostinarchitecture   Sometimes the rules don't allow renderings, which is refreshing. It gives you the opportunity to focus on the content, the matter at hand rather than sacrificing too many hours on the surface. Images have been given too much weight in recent years; we must demand more in terms of concept. And, let's get back to working models! You can put everything into a picture, of course, but then, when it comes to building: That's where the wheat gets separated from the chaff!

Lukas Göbl, göbl architektur   We should rethink architecture more often. I sometimes ask myself whether the way we go about it and how we learned it is really all that smart, such as with room heights and configurations. Why can't it be done in a completely different way?

What do competitions mean to you?

Lukas Göbl, göbl architektur   We need more two-phase processes, where the first one is open and only sketches and concepts are submitted. Then the second phase is paid development work.

Connie Herzog, lostinarchitecture   In the past, reasons for doing competitions were definitely to get new perspectives, great ideas, and innovations. All that is completely absent now. The only thing that matters is who will get the project, how much it costs, and how efficient it is.

Sandra Häuplik-Meusburger, space-craft Architektur A positive aspect is that you can get projects that aren't from your environment, which provides an opportunity to gain a foothold in another subject dimension.

Warum soll man sogenannte »junge« Büros bevorzugen?

Lukas Göbl, göbl architektur Es geht darum, dass die junge Generation die aktuellen Rahmenbedingungen selbstverständlicher in Bauten übersetzen kann, also dass sie ein anderes Sensorium für die Gegenwart und Zukunft hat. Ältere Architekten haben natürlich einen großen Überblick, aber sie tun sich schwerer, aktuelle Themen zu begreifen, die wir schon in uns haben.

Chris Wagner, zwoPK Es geht auch darum, die Globalisierung auszuhebeln. Man kann heute wegen der EU den Markt nicht abgrenzen, nicht die Büros vor Ort schützen gegen die Großbüros, die alles machen.

Connie Herzog, lostinarchitecture Wenn man jemanden mit großem Namen beauftragt und das Projekt misslingt, dann kann man sagen, ich habe eh das Beste gemacht. Bei Wettbewerben wird darauf vertraut, was es schon gibt – man denkt, das wird schon passen. Keiner will Verantwortung übernehmen, sich entscheiden.

Was wollt Ihr von der Stadt?

Lukas Göbl, göbl architektur Ich will von Wien, Niederösterreich, Burgenland und der Westslowakei eine funktionierende Planungsgemeinschaft Ost↑. In der Gemeinsamen Landesplanung Berlin-Brandenburg gibt es das schon seit 1996 – da sitzen jeweils 40 Mitarbeiter vom Berliner Senat und vom Land Brandenburg zusammen in Potsdam und planen die Region, die Stadt, den Verkehr, die Infrastruktur – grenzübergreifend und politisch legitimiert, das hat enorme Vorteile.

Connie Herzog, lostinarchitecture Wir brauchen mehr Freiraumplanung. Die gibt es zwar, aber es existiert noch viel mehr Potenzial zwischen Städtebau und Freiraum. Das muss man bereits im Maßstab 1:5.000 mitdenken. Sonst sieht man in den großen Anlagen, dass das hinterher hineingebastelt wurde. Der Freiraum macht die Stadt aus. Es braucht nicht nur Einkaufen und Schule, sondern auch das Negativ zum Gebäude. Wir bauen immer höher, und das Rundherum sieht aus wie in der Per-Albin-Hansson-Siedlung.

Philipp Rode, zwoPK Wenn man den Freiraum als Negativ sieht, hat man schon verloren. Ich habe einige Wünsche, zum Beispiel, dass es in Wien zwar viele Leitlinien gibt, schöne Worte, aber kaum Instrumente – das muss man ändern. Deutschland ist da viel weiter, da gibt es verpflichtende Grünordnungspläne↑. Dazu kommt, dass es in Wien zwar viele Studien und Expertisen gibt, die aber nicht zugänglich sind. Und schließlich wünsche ich mir, dass Wien als Auftraggeber gegenüber den Auftragnehmern wertschätzend handelt. Die Honorare werden herunter- und die Leistungen hinaufgeschraubt, teilweise auch bei der Stadt Wien. Im Sinne der Baukultur muss man da bewusst gegensteuern und mit gutem Beispiel vorangehen.

Was ist das Besondere an Wien, im Unterschied zu anderen Städten in Europa?

Beate Bartlmä, lostinarchitecture Ich bin nach Wien gekommen, weil es die einzige große Stadt in Österreich ist. Ich habe mich am Anfang nicht wohl gefühlt, Wien war damals nicht lebendig, aber die Stadt hat sich sehr verändert. Wien ist jetzt eine dynamische Stadt. Neues entsteht, es gibt viele neue Leute. Die Studierenden kommen

Why should so-called »young« firms get preference?

Lukas Göbl, göbl architektur It's about the young generation having a greater natural ability for translating current framework conditions into structures, i.e. having a different take on present and future. Of course, older architects can draw on long-term experience; however, it is more difficult for them to grasp current topics that are already part of our make-up.

Chris Wagner, zwoPK Another important issue is leveraging globalization. Now, because of the EU, it is impossible to isolate the market; local firms aren't protected from megafirms that do everything.

Connie Herzog, lostinarchitecture When you hire someone with a well-known name and the project doesn't go well, you can still say that you did your best. In competitions, trust is given to that which is familiar, thinking that it will work out OK. Nobody wants to take responsibility, to make a decision.

What do you want from the city?

Lukas Göbl, göbl architektur I want Vienna, Lower Austria, Burgenland, and western Slovakia to establish a functioning Eastern Austrian Planning Association. The Berlin-Brandenburg Regional Planning Association↑ has been in existence since 1996. It includes a staff of 40 employees each from the Berlin Senate and the Federal State of Brandenburg. They meet in Potsdam and make plans for the region, city, traffic, and infrastructure – across borders and politically legitimized. This system has great advantages.

Connie Herzog, lostinarchitecture We need more open space planning. Although it does exist to a certain extent, there is much untapped potential between urban development and open space. It has to be included in the early stages of detail planning. Otherwise, you look at a large project, and you can tell that landscaping and open space were fitted in after the fact. A city is defined by its open space. More than just shopping and schools is needed; there has to be a balance to the high-rises. Our buildings are becoming ever higher and their surroundings look like that of a Per Albin Hansson housing development.

Philipp Rode, zwoPK If you consider open space to be a negative, then you have already lost. I have a few requests. For instance, the fact that Vienna has many guidelines, pretty words, and hardly any tools – this is something that needs changing. Germany is much further along in this regard, they have mandatory general plans for urban green space↑. Add to that the many studies and expert opinions that exist in Vienna but which are not accessible. Finally, I would like to see Vienna, as a client, show that it values its contractors. Fees for professional services are lowered while at the same time the level of services to be rendered is raised, to some degree by the City of Vienna as well. In the interest of fostering an environment that values high-quality construction, it is imperative to take countermeasures and set a good example.

What is special about Vienna compared to other European cities?

Beate Bartlmä, lostinarchitecture I came to Vienna because it is the only large city in Austria. In the beginning I didn't feel comfortable here; Vienna wasn't vibrant back then, but it has changed a lot in the meantime. Vienna is a dynamic city now. New things are created; there are lots of new people. It doesn't just attract students from Austria anymore, but

nicht mehr nur aus Österreich, sondern aus Europa. Aber es gibt auch eine Gefahr für die Stadt, das ist die Investorenarchitektur.

Lukas Göbl, göbl architektur   Ich muss eine Lanze für Wien brechen, das ist eine tolle Stadt, die von den hier Geborenen oft unterschätzt wird. Als ich vor 18 Jahren nach Wien kam, war das verschlafen, aber seit dem Fall des Eisernen Vorhangs ist viel passiert, Wien wanderte vom Rand ins Zentrum, ist nach Westen und nach Osten orientiert. Und für Architekten ist es gut, dass hier so viel zu tun ist. Es geht um Wohn-, Arbeits- und Mobilitätsformen, um eine wachsende Stadt: Das sind wunderbare Sachen für uns Architekten, Landschaftsarchitekten, Stadtplaner.

Philipp Rode, zwoPK   Ich habe zu Wien eine Hassliebe. Hier gibt es so eine Mischung, einerseits große Geschichte und andererseits Gegenwart und Zukunft. Dass Wien es bei aller Behäbigkeit schafft, immer wieder Neues auszuprobieren, politisch zum Beispiel Rot-Grün, das ist ja in Österreich nicht selbstverständlich. Und Wien bemüht sich auch hinsichtlich Landschaftsarchitektur, das tut in Österreich keine andere Stadt.

Wenn ihr euch eine Aufgabe in Wien aussuchen könntet, was würdet ihr der Stadtpolitik vorschlagen?

Philipp Rode, zwoPK   Es gibt Handlungsbedarf beim Wiener Gemeindebau, das ist ein großes Erbe, das brachliegt: bezüglich Freiraum, in sozialer Hinsicht, da herrscht Friedhofsruhe, das dynamische Element ist begraben in Partikularinteressen. Und sehr spannend ist die Auseinandersetzung zwischen Landschaft und Städtebau, das ist die drängende Aufgabe. Wir müssten es schaffen, einen gemeinsamen Zugang von Architektur und Landschaftsarchitektur zu formulieren – wir müssen die Verbindung von Stadt und Landschaft konzeptuell neu denken.

Lukas Göbl, göbl architektur   Eine Vision: Im Wechselspiel zwischen Brüsseler Zentralmacht und Nationalstaaten müsste man in Europa Subverwaltungsstädte aufbauen, im Westen, Osten, Norden und Süden, jeweils mit Regionalparlament; dafür sollte Wien sich bewerben. Das dürfte natürlich nicht im ersten Bezirk geschehen, sondern zum Beispiel in Aspern oder in einem neuen 24. Bezirk.

Connie Herzog, lostinarchitecture   Mein Thema wäre die Erdgeschoßzone, dafür müsste man eine Lösung finden. Das ist sehr schwierig wegen der Privatverträge, der privaten Hausbesitzer, aber mit den richtigen Zuckerln ginge das.

Verena Holzgethan, space-craft Architektur   Ich würde mir für Wien mehr Großzügigkeit wünschen. Und mehr Wertschätzung für Pflanzen als wichtiger Teil dieser Stadt. Das klingt vielleicht romantisch, aber Wien ist diesbezüglich nachlässig. Das hat auch einen gewissen Charme, etwa im Vergleich mit München: das Raue und Asphaltige hier. In Wien gibt es zwar den Wienerwald und die Lobau und die sind natürlich wichtig, aber in der dichten Stadt ist das Grün sehr reglementiert.

from all over Europe. However, the city is also at risk of architecture being geared primarily toward investors.

Lukas Göbl, göbl architektur   I must go to bat for Vienna. It is a great city that is often underestimated by those born here. When I arrived in Vienna 18 years ago, it was a sleepy city. However, a lot has happened since the Iron Curtain came down. Vienna migrated from the border to the center; it is situated between West and East. And it's good for architects that there's so much to do here. It's about ways of living, working, and mobility, about a growing city. These are all wonderful challenges for those of us who are architects, landscape architects, and urban planners.

Philipp Rode, zwoPK   I have a love-hate relationship with Vienna. There is a special mix here: An impressive history on the one hand and a present and future on the other. The fact that despite being so imposing, Vienna still manages to keep trying new things, such as the Red-Green coalition in politics, is not to be taken for granted in Austria. Also, Vienna makes an effort with respect to landscape architecture; the same cannot be said about any other city in Austria.

If you could choose one project in Vienna, what would you propose to city leaders?

Philipp Rode, zwoPK   There is a need for action with regard to Vienna's public housing projects. It is a great heritage that is being left to languish: With respect to open space, in terms of social issues, everything is as quiet as a graveyard; dynamic elements are buried beneath special interests. Another interesting issue is the debate between landscape and urban development, which is an urgent task. Together, architecture and landscape architecture must find a common approach: we must come up with a new concept for connecting city and landscape.

Lukas Göbl, göbl architektur   A vision: In the tug-of-war between centralized power in Brussels and nation states, we should establish sub-administrative cities in the west, east, north, and south, each with its own regional parliament. Vienna should throw apply to be one of those cities. Of course, this shouldn't happen in the first district, but in Aspern or a new 24th district, for instance.

Connie Herzog, lostinarchitecture   The topic I would like to tackle is the ground floor zone. It needs to be resolved. Private contracts and private-party homeowners make this issue very difficult. However, given the right incentive, it would work.

Verena Holzgethan, space-craft Architektur   I would wish for more generosity from Vienna and more appreciation for plants as important components of this city. It might sound romantic, but Vienna is negligent in this respect. Compared to cities like Munich it has a certain charm: it's rough here and there is too much asphalt. Vienna certainly has its Wienerwald and Lobau; and there is no question as to their importance. However, green is still highly limited in the densely populated city.

zwoPK

Chris Wagner

Studium an der Universität für Bodenkultur, TU Wien und an der Angewandten Wien, Diplom 1998, Partner 2012, Lehraufträge an der FH Weihenstephan und Burke-Akademie München

Studied at the University of Natural Resources and Life Sciences, the TU Wien, and the University of Applied Arts in Vienna, graduated in 1998, became partner in 2012, lecturer at the Weihenstephan University of Applied Sciences and the Burke Academy Munich.

Helge Schier

Studium an der Universität für Bodenkultur, TU Wien, Diplom 2000, Partner 2004, Lehraufträge an der Universität für Bodenkultur Wien, Vorstand, Offenes PlanerInnenkollektiv – OPK

Studied at the University of Natural Resources and Life Sciences and the TU Wien, graduated in 2000, became partner in 2004, lecturer at the University of Natural Resources and Life Sciences, on the Board of Directors of the Offenes PlanerInnenkollektiv – OPK.

Philipp Rode

Studium an der Universität für Bodenkultur, TU Wien und WU Wien und Sofia, Diplom 2000, Doktorat 2008, Partner 2004, Lehraufträge an der Universität für Bodenkultur und TU Wien, Polis Universität Tirana; Forschungstätigkeiten

Studied at the University of Natural Resources and Life Sciences, the TU Wien, and the Universities of Economics and Business Administration in Vienna and Sofia, graduated in 2000, PhD in 2008, became partner in 2004, lecturer at the University of Natural Resources and Life Sciences, the TU Wien, and Polis University of Tirana; research activities.

Gründung 2004
Founded in 2004

MitarbeiterInnen
Employees

David Biegl, Elena Reischauer

www.zwopk.at
Otto-Bauer-Gasse 14/4
1060 Wien
+43 (0)1 236 87 96
office@zwopk.at

zwoPK definiert die Landschaftsarchitektur als innovatives Feld.

Das konsequente Bespielen von Schnittstellen zu benachbarten Feldern und die Auseinandersetzung mit neuen PartnerInnen hat das Ziel, neue Qualitäten in der Konzeption, Gestaltung, Nutzung und Wahrnehmung von Freiräumen zu schaffen.

zwoPK defines landscape architecture as an innovative field.

The systematic play on interfaces to neighboring sectors and exposure to new partners aims to create new qualities in the conception, design, use, and enjoyment of outdoor spaces.

Schafft Stadt-Landschaft!
Create urban landscapes!

Landschaft ist Produkt und Produktiv-kraft zugleich. Das Machen von (urbaner) Landschaft steht in der Tradition aktiven Tätigseins unterschiedlicher AkteurInnen. Landschaft und Freiräume werden damit das Substrat und die Schnittstelle für urbane Umbauprozesse bilden. Ökonomische, kulturelle und soziale Austauschbeziehungen werden gestärkt und fungieren als wichtige Elemente für den Umbau des Systems Stadt: (Selbst-)Ermächtigung, Gemeinwohl-Orientiertheit, kooperative Wirtschaft und urbane Vielfalt werden die Eckpfeiler darstellen!

A landscape is a product and a productive force at the same time. The making of (urban) landscapes follows the tradition of numerous actors in a process of active participation. Landscape and open spaces therefore constitute both the substrate and the interface for urban reconstruction processes. Economic, cultural, and social exchange relationships are strengthened and act as important elements for the reconstruction of the city system: (Self-)empowerment, community-based success, cooperative economics, and urban diversity form the cornerstones!

Otto-Bauer-Gasse

Vorplatz Stubenbastei
Die Bedeutung der Landschaft, ihre
Gestaltung und ihre Weiterentwicklung sind zentral von den sozialen
AkteurInnen abhängig. Die Freiraum-
nutzung bildet einen wesentlichen
Aspekt, in einer sozialen Landschaft
bekommen die AkteurInnen darüber
hinaus auch Stimme, Handlung und
Vermögen. Dadurch kann Landschaft
als Demokratiemaschine fungieren,
die Benachteiligte integriert und ihr
Tun mit Sinn füllt, das in Hinblick
auf außenstehende Interessen abge-
wogen und reflektiert wird. Kooperationen auf Augenhöhe, Prozesse der
Freiraumgestaltung als Etablierung einer
tragfähigen Konfliktkultur!

Lage/Größe 1010 Wien, 800 m²
Auftraggeber Gymnasium und
Realgymnasium 1, Landwirtschafts-
ministerium, Bezirksvertretung Innere
Stadt, MA 19
Temporäre Vorprojekte 2006, 2009
Planungsphase 2010–2011
Preisträger Vision City 2020
Bauworkshop Holzelemente 2012
Umbau Platz (MA 28) 2014
Kooperationspartner Elternverein
Gymnasium und Realgymnasium 1,
Bezirksvorstehung Innere Stadt,
Holzforschung Österreich, MA 18,
MA 28, Kulturkontakt Austria

Stubenbastei Plaza
The importance of the landscape,
its design, and its evolution are
centrally dependent on the social
actors. The use of open space is an
essential aspect. In a social landscape,
the actors also have a voice, the ability
to take action, and power.
This allows landscape to act as a tool
for democracy that integrates the
disadvantaged, giving their actions
a meaning, which is weighed and
reflected in terms of external interests.
Cooperation on equal footing, open
space design processes for the establishment of a viable culture of conflict!

Location/size 1010 Vienna, 800 m²
Client Gymnasium und Real-
gymnasium 1, Ministry of Agriculture,
Inner City District Council, MA 19
Temporary pre-projects 2006, 2009
Planning phase 2010–2011
Award winners Vision City 2020
Workshop on building with wood 2012
Plaza Redesign (MA 28) 2014
Partners Parents Association of the
Gymnasium und Realgymnasium 1
school, District Administration Inner
City, Holzforschung Österreich,
MA 18, MA 28, Kulturkontakt Austria.

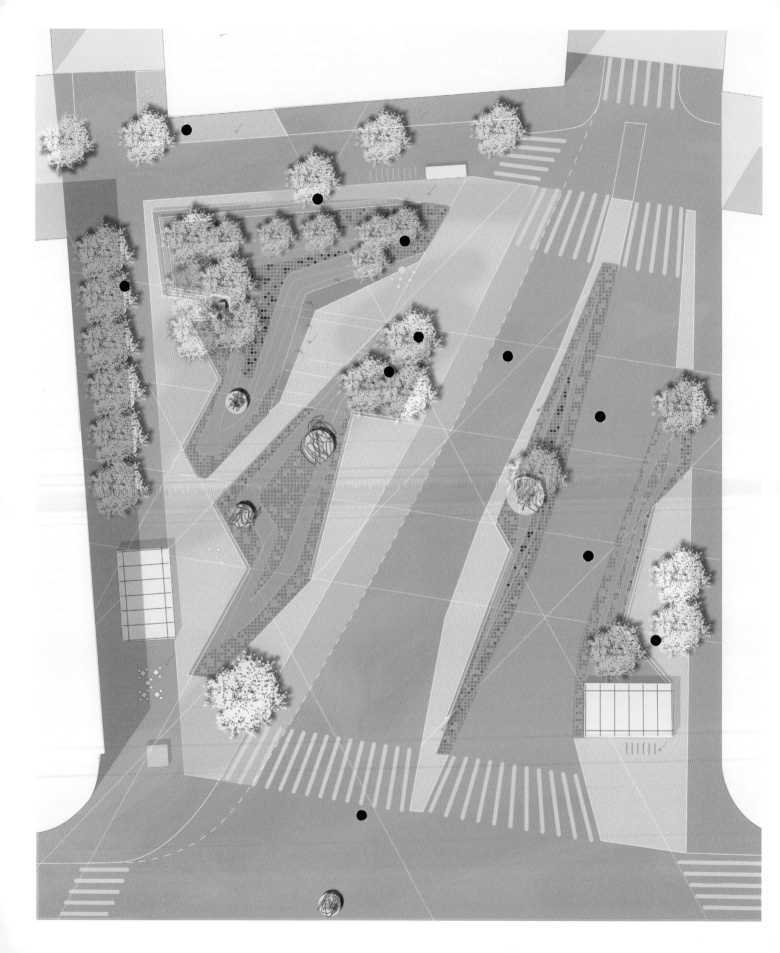

Südtiroler Platz

Stadt ist Landschaft und Landschaft produziert Urbanität. Wir verstehen die Freiräume einer Stadt als zentrale, unter Umständen sogar als primäre Elemente zur Herstellung von Urbanität. Landschaft ist die Trägerebene, die als Infrastruktur die Grundlage für Stadt schafft. Städtische Freiräume sind demnach als Infrastrukturen der Urbanität zu verstehen, die Vielfalt, Entwicklung und Gleichzeitigkeit beinhalten. Ihre wahrnehmbare Struktur ist grundsätzlich adaptiv – ist also fähig, Einflüsse aufzunehmen –, bleibt aber weiterhin lesbar und bildet damit die Grundlage für notwendige weitere Interpretationen.

Verfahren Geladener Wettbewerb, 1. Preis
Lage/Größe 1040 Wien, 5000 m²
Auftraggeber MA 19, KÖR Kunst im öffentlichen Raum
Planungsphase 2014–2015
Umsetzungsphase 2015–2016
Kooperationspartner Michael Sailstorfer, rockdesign

Südtiroler Platz

The city is landscape and landscape creates urbanity. We believe that the open spaces of a city are central, perhaps even primary, elements of the production of urbanity. Landscape is the supporting level, the infrastructure that creates the city's foundation. Urban open spaces are therefore to be understood as urban infrastructures that encompass diversity, development, and simultaneity. Their perceptible structure is fundamentally adaptive – and thus able to absorb influences – but remains legible and therefore creates a basis for further interpretation.

Process Invitational competition, 1st prize
Location/size 1040 Vienna, 5,000 m²
Client MA 19, KÖR Kunst im öffentlichen Raum
Planning phase 2014–2015
Construction phase 2015–2016
Partners Michael Sailstorfer, rockdesign

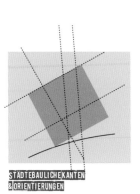

STÄDTEBAULICHE KANTEN & ORIENTIERUNGEN

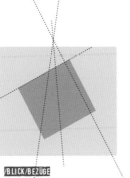

/BLICK/BEZÜGE

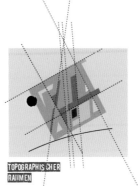

TOPOGRAPHISCHER RAHMEN

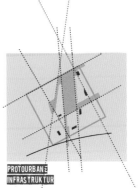

PROTOURBANE INFRASTRUKTUR

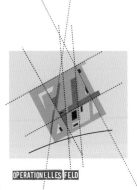

OPERATIONELLES FELD

Seestadt Aspern
Die zeitliche Wandelfähigkeit bildet die Basis landschaftlichen Denkens und Entwerfens. In Prozessen der Planung vermag die experimentelle, temporäre Intervention einen Anstoß für weitere Entwicklungen zu bilden. Das Unfertige, Offene des Entwurfs changiert dabei zwischen dem Vorhandenen und dem Zukünftigen mit ungewissem Ausgang. Das Temporäre kann im Prozessverlauf verworfen oder aber als landschaftliches Narrativ weiterverfolgt und in spätere Überarbeitungen einbezogen werden. Den Kopf freimachen, die Norm verlassen, den temporären Versuch wagen und Möglichkeitsräume schaffen!

Zwischen- und Impulsnutzung
Lage 1220 Wien, 240 ha
Leitprojekte Seestadtpier Erdskulptur, 14.000 m² Holzsteg, Landmark, Aussichtsplattform
Urbanes Feld multifunktionales Spiel- und Veranstaltungsgelände 10.000 m², Landmark
Leitsystem »parasitäre« Holzskulpturen
Auftraggeber Wien 3420 AG
Planung/Ausführungsphase 2010–2015
Kooperationspartner greenlab, Stadt Wien MA 18, spacelab, Wien 3420 AG, content associates, Angelika Fitz, Thomas Strickner, Simone Zaugg

Aspern Vienna's Urban Lakeside
Temporary and impulsive use
The ability to change over time is the foundation of landscaping concept and design. In planning processes, temporary experimental interventions can create impetus for further development. An unfinished, open design is able to alternate between what is already there and the uncertain outcomes of the future. Temporary projects can be discarded during the process or pursued as a scenic narrative and included in subsequent revisions. Clear your head, depart from the norm, dare to try, and create space for opportunity!

Location 1220 Vienna, 240 ha
Lead projects Earth sculpture on the lakeside pier, 14,000 m² of boardwalk, a landmark, and an observation deck.
Urban Field A 10,000-m² multi-functional playground and events area and a landmark.
Guidance system »Parasitic« wooden sculptures
Client Wien 3420 AG
Planning/construction phase 2010–2015
Partners greenlab, Stadt Wien MA 18, spacelab, Wien 3420 AG, content associates, Angelika Fitz, Thomas Strickner, and Simone Zaugg.

göbl architektur ZT GmbH

Lukas Göbl

*1977, TU Wien und Universität für angewandte Kunst Wien, 2009 ZT-Befugnis, Margarete-Schütte-Lihotzky-Stipendium, 2011 Teilnahme an der Architekturbiennale São Paulo (Distinction Award für das Projekt ExpliCity) und am World Architecture Festival Barcelona, 2012 Auszeichnung 40 under 40 des European Centre for Architecture Art Design and Urban Studies für jungen europäische Architekten.

Born in 1977; studied at the TU Wien and the University of Applied Arts Vienna; 2009 certification as a civil engineer, Margarete Schütte-Lihotzky Scholarship; 2011 participation in the Sao Paulo Architecture Biennale (Distinction Award for the ExpliCity Project) and the World Architecture Festival Barcelona; 2012 40 under 40 Award from the European Centre for Architecture Art Design and Urban Studies for Young European Architects.

2009 Bürogründung Office for Explicit Architecture

2014 Zusammenschluss göbl architektur ZT GmbH und Office for Explicit Architecture zu göbl architektur ZT GmbH

CEO und Gesellschafter: Architekt Mag. arch. Lukas Göbl

Gesellschafter: Architekt Mag. arch. Ing. Fritz Göbl

2009 Founding of the Office for Explicit Architecture

2014 Merger of göbl architektur ZT GmbH and the Office for Explicit Architecture into göbl architektur ZT GmbH

CEO and partner: Lukas Göbl

Partner: Fritz Göbl

MitarbeiterInnen
Employees

Andrés España Campillo, Alexander Enz, Boris Steiner, Melanie Klug, Katharina Auer, Franz Müllner, Jan Kowatsch, Christa Siebenhandel

Partnerbüro
Partner office

Architekt Oliver Ulrich
Oliver Ulrich, architect

www.goebl-architektur.at

Büro Wien
Veronikagasse 12/3
1170 Wien
+43 (0)1 276 44 18
office@goebl-architektur.at

Büro Krems
3500 Krems, Körnermarkt 4
+43 (0)2732 84347

Göbl lebt Architektur. **Mit allen Sinnen. Immer. Überall.**	Göbl lives architecture. With all senses. Always. Everywhere.
Göbl geht unter die Haut. **Aller Anfang ist Empathie.**	Göbl gets under your skin. In the beginning there is empathy.
Göbl kämpft. **Für Schönheit, Konsequenz und** **Einzigartigkeit.**	Göbl fights. For beauty, consistency, and uniqueness.
Göbl befreit. **Von überholten Normen und** **Denkweisen.**	Göbl sets you free. From outdated standards and ways of thinking.
Göbl steckt an. **Mit Fantasie, unkonventionellen** **Ideen und Begeisterung.**	Göbl infects you. With imagination, unconventional ideas, and enthusiasm.
Göbl bereichert. **Mit Architektur, die Menschen,** **Marken und Ideen weiterbringt.**	Göbl enriches you. With architecture that carries people, brands, and ideas one step further.
Göbl glaubt an das Gute. **Weil gute Architektur Freude macht** **und Veränderung zum Besseren auslöst.**	Göbl believes in good. Because good architecture brings you joy and stimulates change for the better.
Göbl lebt Konsequenz. **Und tut nichts, von dem er nicht** **zu 100 Prozent überzeugt ist.**	Göbl is consistent. And doesn't do anything that he's not 100 percent convinced is right.

Seestadt Aspern

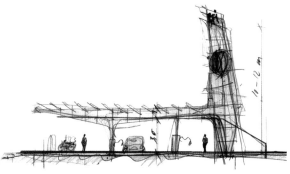

Tower of Power, Wien-Brigittenau
Lehr- und Forschungsobjekt. Zwei
der urtümlichsten architektonischen
Gesten, das Dach und der Turm,
werden miteinander verbunden.
Eine integrierte Windturbine und
Photovoltaikpanele tragen zur Strom-
erzeugung bei. Der Tower of Power
versorgt vier PKWs und vier E-Bikes
gleichzeitig mit Energie.

Tower of Power, Vienna-Brigittenau
A teaching and research building.
Two of the most primal architectural
components, a roof and a tower,
have been joined together. A wind
turbine and photovoltaic panels are
integrated and contribute to energy
supply. The Tower of Power can charge
four automobiles and four electric
bicycles at once.

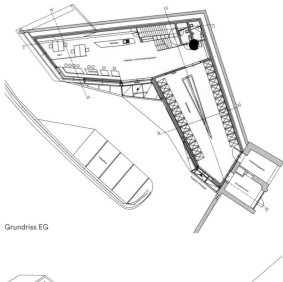

Grundriss EG

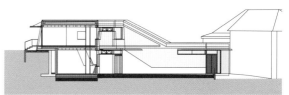

Schnitt D-D

Schnitt A-A

Weinzentrum Winzerhof Dockner
Höbenbach, Niederösterreich
Ein Statement zeitgenössischer Architektur in der idyllischen Landschaft des südlichen Kremstals. Sensibel in die Umgebung eingepasst, interpretiert die Konzeption die Geometrien der dörflichen Umgebung. Durch die Nutzbarkeit des Gebäudes als Schauraum, Verkaufszentrum und Veranstaltungsort werden Präsentation und Vermarktung des Weines in den Fokus gestellt.

Dockner Wine Center
Höbenbach, Niederösterreich
A contemporary architectural statement set in the idyllic landscape of the southern Krems Valley. Sensitively integrated into the environment, the concept is an interpretation of the geometries of the surrounding village. The presentation and marketing of wine are put in focus through the building's use as a showroom, sales center, and events location.

Forum Frohner
Krems-Stein, Niederösterreich
Im ehemaligen Minoritenkloster
präsentiert sich das Forum Frohner
als Teil der Kunstmeile Krems. Im
Ausstellungsraum wurde auf Wunsch
Adolf Frohners eine Reduktion auf
das Wesentliche erzielt: perfektes Licht
und maximale Hängefläche. Die rohe
Materialität geht auf die puristische
Lehre der Minoriten zurück und
verweist auf die Philosophie Frohners,
»das Schöne im Hässlichen« zu finden.

Kooperation: habitat|architektur
heinl+bolecek

Forum Frohner
Krems-Stein, Niederösterreich
Located in the former Minorite
Abbey, the Forum Frohner presents
itself as a part of the Krems Art Mile.
Following Adolf Frohner's express wish,
a reduction to the essence has been
attained: perfect light and maximum
hanging space. The raw materiality
refers back to the puristic teachings of
the Minorites and is an expression of
Frohner's philosophy of »finding beauty
in what is ugly.«

Collaboration:
habitat|architektur heinl+bolecek

LOSTINARCHITECTURE

Arch. DI Connie Herzog

* 1968 in Eisenstadt, Studium an der TU Wien, Diplom Hochbau Helmut Richter, 2007–2009 Lehrauftrag University of Business and Technology Prishtina, Lehrauftrag Green Building am FH Campus Wien.

Born 1968 in Eisenstadt, studied at the TU Wien, graduated in Construction Engineering under Helmut Richter, 2007–2009 teaching position at the University of Business and Technology Prishtina, lecturer for Green Building at the FH Campus Vienna.

DI Gerfried Hinteregger

* 1973 in Klagenfurt, Studium an der TU Innsbruck und Wien, 2005–2007 Arbeitsaufenthalt in Hong Kong und Beijing, Lehrauftrag Green Building am FH Campus Wien.

Born 1973 in Klagenfurt, studied at the University of Technology Innsbruck and the TU Wien, 2005–2007 worked in Hong Kong and Beijing, lecturer for Green Building at the FH Campus Vienna.

DI Beate Bartlmä

* 1968 in Villach, Studium an der TU Wien und École d'Architecture de Paris – La Villette, bis 2010 Redaktionsleitung der Zeitschrift architektur, seit 2013 Guide bei Architectural Tours Vienna.

Born 1968 in Villach, studied at the TU Wien and École d'Architecture de Paris – La Villette, Chief Editor of architektur magazine until 2010, guide for Architectural Tours Vienna since 2013.

Preise
Awards

Das beste Haus, ETHouse Award
Best House, ETHouse Award

Bürogründung 2010
Office founded in 2010

Mitarbeiterin
Employee

Ana Jugovic, BArch.

www.lostinarchitecture.at

Neubaugasse 77/6
1070 Wien
+43 (0)1 545 59 93-0
office@lostinarchitecture.at

»You have to get lost to find new ways«. Unsere Philosophie und der Büroname stehen in engem Zusammenhang mit unserer Arbeitsmethodik. Der Prozess des Verlierens schärft unsere Aufmerksamkeit und macht verborgene Potenziale bewusst.

LOSTINARCHITECTURE findet Inspiration in unterschiedlichen Sparten, die interessensbedingt sind und unsere Persönlichkeiten widerspiegeln. Beim Entwerfen verlassen wir bewusst gewohnte Pfade, um aus neuen Betrachtungsweisen Ideen zu lukrieren. Die Herausforderung besteht in der Schaffung von Unverwechselbarem. Mutige Statements werden integriert, Gewohntes überwunden. Interventionen im öffentlichen Raum, die Leerstandsproblematik und der Umgang mit dem Bestand erweitern unser Betätigungsfeld. Das Motiv der Verzahnung der gebauten Struktur mit der Umgebung ist ein Motiv unserer Arbeit. Die traditionelle Grenze zwischen Innen- und Außenraum soll dabei überwunden werden.

»You have to get lost to find new ways.« Our philosophy and our office name are closely related to our work methodology. The process of getting lost sharpens our attention and calls on hidden potential.

LOSTINARCHITECTURE finds inspiration in various sectors which are related to our interests and reflect our personalities. When designing, we consciously stray from the beaten path, seeking to discover new ideas from different perspectives. The challenge lies in the creation of something unique. Bold statements are integrated; the familiar is overcome. Interventions in public space, the dilemma of vacant buildings, and projects with existing buildings expand our fields of activity. The concept of intertwining built structures with the environment is an ethos of our work. The traditional boundaries between interior and exterior are vanquished in the process.

free space
for everyone

public | private

Neustiftgasse

this is not a hotel
Hotel, Wien (2014)
Drei Suiten wurden in einem ehemaligen Geschäftslokal eingerichtet und sind direkt von der Straße aus zugänglich. Für die Ausstattung wurde Altes gesucht und im Sinne von Upcycling in einen neuen Kontext gesetzt. Der Gast erfährt in drei individuellen Shops ein zeitgemäßes und privates Wien.

this is not a hotel
Hotel, Vienna (2014)
Three suites in a former business location have been furnished and can be accessed directly from the street. Vintage items were hunted down and upcycled to create a new context. Guests experience a contemporary and private Vienna in the three individual »shops«.

luxury blue
Installation im öffentlichen Raum,
SOHO in Ottakring (2012)
Sichtbar und erlebbar machen des
weltweit anwachsenden Plastikmülls.
Zwei Wände der begehbaren Skulptur
aus 3.615 recycelten PET-Flaschen
bildeten einen sich verengenden Raum
und machten beim Durchschreiten die
Verknappung der Ressource Wasser
erfahrbar.

luxury blue
Installation in Public Space,
SOHO in Ottakring (2012)
Making the world's growing plastic
waste a visible experience.
The two walls of this walk-in sculpture
were made from 3,615 recycled
PET bottles forming a tapering space,
making visitors feel the scarcity of
water resources when passing through.

walt
Einfamilienhaus, Klosterneuburg (2013)
Der Eigentümer des 1902 erbauten
Hauses kam mit klaren Zielvorstellun-
gen zu uns – mehr Licht, zeitgemäße
Wohnbereiche und die Senkung der
enormen Betriebskosten. Als Kontrast
zum Bestand wurde eine gefaltete
Dachlandschaft entwickelt, die sich
als Reaktion auf die Umgebung sieht.
Bewusst geführte Sichtschlitze ge-
währen Ausblicke in die Weingärten.

walt
Single-family Home, Klosterneuburg (2013)
The owner of the 1902 house came to us
with clearly defined objectives – more
light, contemporary living spaces, and a
reduction of the staggeringly high running
costs. In contrast to the conventional
existing building, a folded roof landscape
was developed in response to the environment. Consciously positioned viewing
slots provide glances of the vineyards.

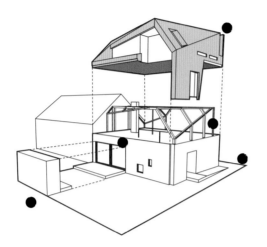

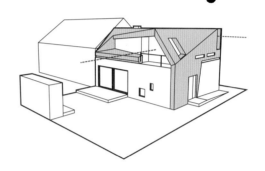

space-craft Architektur

Sandra Häuplik-Meusburger

*1973 Mödling
Technische Universität Wien,
Angewandte Wien, Dissertation
an der Technischen Universität
München, Chair Habitability &
Human Factors (AIAA), seit 2005
Lehrtätigkeit TU Wien

Born 1973 in Mödling. TU Wien,
University of Applied Arts in
Vienna, dissertation at the
Technical University of Munich,
Chair of Habitability and Human
Factors (AIAA), teaching position
at the TU Wien since 2005.

Verena Holzgethan

*1977 Meran, Italien. Studium
Bildende Kunst an der Rietveld
Academie Amsterdam, Studium
Landschaftsdesign an der
Universität für angewandte Kunst
Wien, Arbeitsaufenthalt bei
Piet Oudolf in Holland.

Born 1977 in Merano, Italy. Studied
fine arts at Rietveld Academie
Amsterdam and landscape design
at the University of Applied Arts
Vienna, working sojourn with Piet
Oudolf in the Netherlands.

Radio Spaceuriosity

seit 2008
2008–present

MitarbeiterInnen
Employees

Amine Khouni, Kamil Szmidt

Bücher
Books

Designing and Planning Beyond
Earth (Springer, 2015), Humus
and Shoots (Tianjin Ifengspace
Media Co, 2015), Architecture
for Astronauts (Springer, 2011),
Greenhouses and their Humanizing
Synergies (2014) und Design
Integrations Benefits for Extended
Spaceflight (Acta Astronautica,
2010)

Designing and Planning Beyond
Earth (Springer, 2015), Humus and
Shoots (Tianjin Ifengspace Media
Co., 2015), Architecture for Astro-
nauts (Springer, 2011), Greenhous-
es and their Humanizing Synergies
(2014), and Design Integration
Benefits for Extended Spaceflight
(Acta Astronautica, 2010).

space-craft.at

Parisergasse 4/2
1010 Wien
+43 (0)6991 941 37 57
office@space-craft.at

Wie leben wir in der Zukunft? Wie wohnen wir morgen? Wir forschen im Extremen und planen für terrestrische und extraterrestrische Umgebungen. Der Mensch steht bei unserer Arbeit im Mittelpunkt, er ist Akteur, Nutzer und treibende Kraft im Gestaltungsprozess.

Wir entwerfen minimalistische, funktionale Lebensräume, bauen durchdachte Raumlösungen und arbeiten an der Schnittstelle von Mensch, Pflanze und Raum im extreme environment. Fragen wie: Was macht einen Ort lebenswert? Für wen planen wir? Was passiert und warum? stehen am Beginn von Projekten, die theoretisch und utopisch oder auch sehr konkret sind. Aus der Feldarbeit im Extremen – in Raumbedingungen von Astronauten und Ruderalpflanzen – extrahieren wir Gestaltungsprinzipien und geben Input auf aktuelle Fragestellungen: Wohnen auf kleinstem Raum und Raumerweiterung, Leben in Mikrogesellschaften, innovative Lebensentwürfe, Umgang mit Ressourcen, Verbesserung der Lebensqualität, Integration von technischen Systemen und Schnittstelle zum Menschen.

How will we live in the future? How will we live tomorrow? We research extremes and design for terrestrial and extraterrestrial environments. People are at the center of our work; they are the actors, users, and the driving force behind the design process.

We design minimalist, functional habitats, build sophisticated space solutions, and work on the interaction of people, plants, and space in extreme environments. Questions such as: What makes a place worth living in? Who are we designing for? What happens and why? are the questions we ask at the beginning of projects, whether they are theoretical and utopian or very specific. We have extracted design principles from our field work in extreme situations – in the space conditions of astronauts and ruderal plants – and provide input on current issues: Living in tiny spaces and space extensions, living in micro-societies, innovative lifestyles, using resources and improving the quality of life, and integrating technical systems and human interfaces.

Judenplatz

The future is lived by people.

Let's plan and build it for (all of) us.

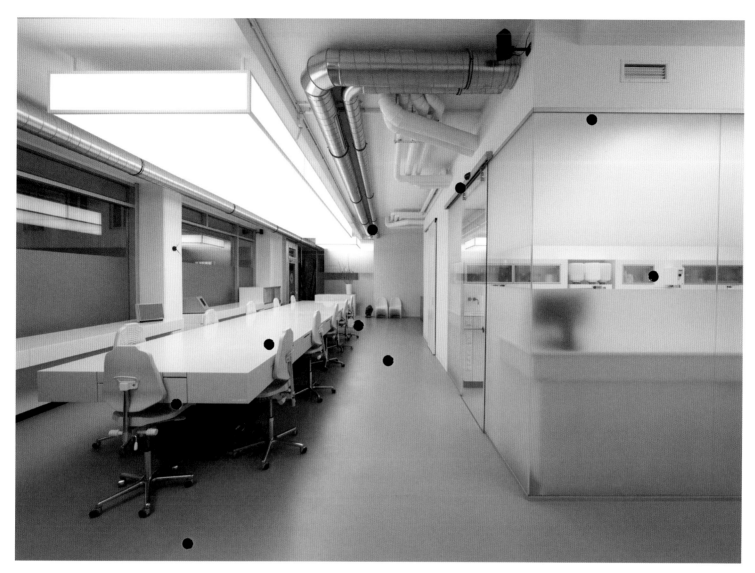

Dentallabor: Inspiriert von Welt-raumdesign und intuitiv benutzbar
Das offene Raumkonzept mit klarer Zonierung der unterschiedlichen Arbeitsbereiche optimiert den Arbeits-ablauf, unterstützt die Kommunikation und Zusammenarbeit auf Augenhöhe und trägt die hohen technischen Standards adäquat nach außen. Das eigens entwickelte Mobiliar ist exakt auf die Bedürfnisse im Labor zugeschnitten.

Oben: Transparenz und Offenheit im großzügigen Arbeitsraum.

Links: Die TechnikerInnen arbeiten an einem zentralen Tisch. Im persönlichen Trolley sind die Arbeitsschachteln und persönlichen Sachen verstaut. Die Küchenmodule lassen sich zu schlichten Boxen zusammenklappen.

Dental Lab: Inspired by space design, can be used intuitively
The open space concept, with different clearly zoned work areas, improves workflow and supports communication and cooperation on equal footing, as well as expressing high technical standards. The specially developed furnishings are tailored to the needs of the laboratory.

Above: Transparency and openness in a roomy work space.

Left: Technicians at work at a central table. Work boxes and personal belongings are stored in a personal trolley. The kitchen modules can be folded into simple boxes.

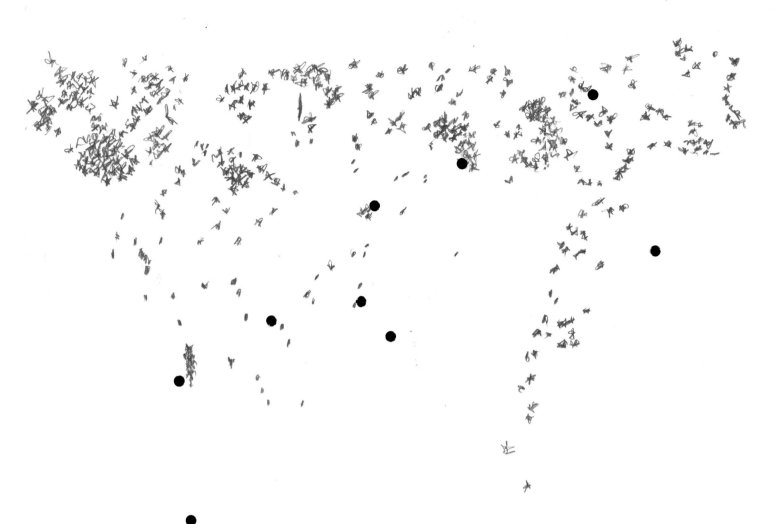

**Plant's Movement: die Dynamik
von Spontanvegetation an extremen
Standorten**
Ein Forschungsprojekt, welches das
Erscheinen und Verschwinden von
Pionierpflanzengesellschaften beob-
achtet. Bilder tauchen dabei auf – sich
stetig wandelnde Mikro-Szenerien.
Deren Wirkung auf unsere Wahrnehmung und unser Landschafts-
gedächtnis werden untersucht und
dokumentiert.

Links: Spontanvegetation in einer
Lehmgrube im Süden von Wien.

Rechts oben: »Samenstraße«,
Muster von Sämlingen entlang einer
Mikrotopografie.

Rechts: Pflanzdesign Garten P., Wachau

**Plant Movement: The Dynamics
of Spontaneous Vegetation in Extreme
Locations**
A research project observing the
emergence and disappearance of
pioneer plant communities. Images of
continuously changing micro-scenarios
appear. Their effects on our perception
and landscape memory are examined
and documented.

Left: Spontaneous vegetation in a
clay pit to the south of Vienna.

Top right: «Seedway», a pattern of
seedlings along a microtopography

Bottom Right: Plant design Garden P.,
Wachau

SLEEP

rest, relaxation, sleep and storage

HYGIENE

PERSONAL HYGIENE
full and part body cleansing, clean and change clothes and storage
SHOWER, TOILET HOUSEKEEPING

FOOD

store, prepare, grow, consume and storage

WORK

operations, worktasks, experiments, communication, education, training and storage

LEISURE

free-time activities, exercise, intimate behaviour and storage

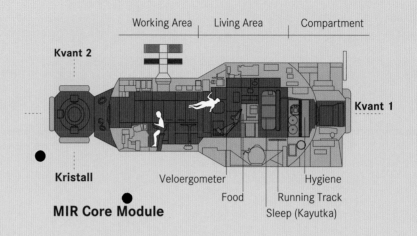

Working Area | Living Area | Compartment

Kvant 2

Kvant 1

Kristall

MIR Core Module

Veloergometer

Food

Running Track

Sleep (Kayutka)

Hygiene

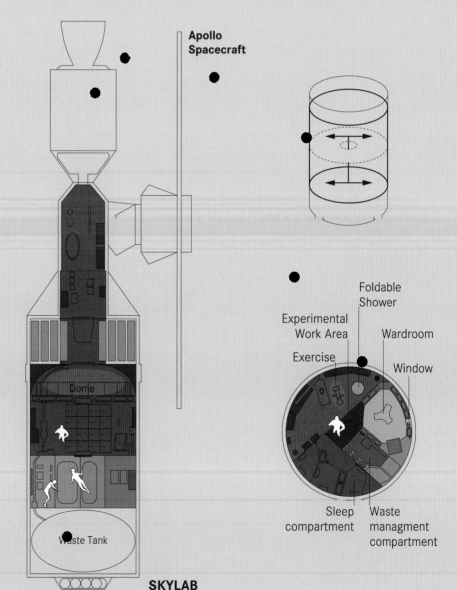

Apollo
Spacecraft

Dome

Waste Tank

**SKYLAB
Orbital Workshop**

Foldable
Shower

Experimental
Work Area

Wardroom

Exercise

Window

Sleep
compartment

Waste
managment
compartment

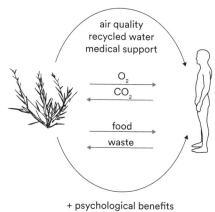

air quality
recycled water
medical support

O_2

CO_2

food

waste

+ psychological benefits
+ spatio-social benefits
+ sensory enrichment

Forschung: Weltraumdesign und Habitability in extreme environment
Zusätzlich zur fantastischen Seite von Weltraumarchitektur, der Inspiration für Zukunftsvisionen und dem »Andersdenken« von Raum gibt es noch eine sehr pragmatische Seite. Eine über zehnjährige Forschungstätigkeit analysiert konkrete Erfahrungen in außerirdischen Lebensräumen. Leben und Arbeiten sind nicht nur umgebungsbedingt und technologisch eine Herausforderung, sondern vor allem in sozialer und psychologischer Hinsicht.

Links: Raumzonierung und -nutzung in unterschiedlichen Weltraumhabitaten.

Oben: Pflanzen bieten neben Nahrung einen gestalterischen und psychologischen Mehrwert auf langen Weltraummissionen. Persönliches Gewächshaus im Schlafraum. Kreislauf Pflanze/Mensch.

Research: Space Design and Habitability in Extreme Environments
In addition to the fantastical side of space architecture, the inspiration for future visions and »thinking differently« about space, there is also a very pragmatic side. We have spent over ten years researching and analyzing specific experiences in extraterrestrial habitats. Living and working are not only dependent on the environment and full of technological challenges, they are also sociologically and psychologically challenging.

Left: Zoning and usage of space in different space habitats.

Above: Along with food, plants also provide creative and psychological added value on long space missions. A personal greenhouse in the bedroom. The plant/human cycle.

Werkstattgespräch 3
Studio Talk 3

einszueins architektur
miss_vdr architektur
günter mohr
Robert Temel
bauchplan).(

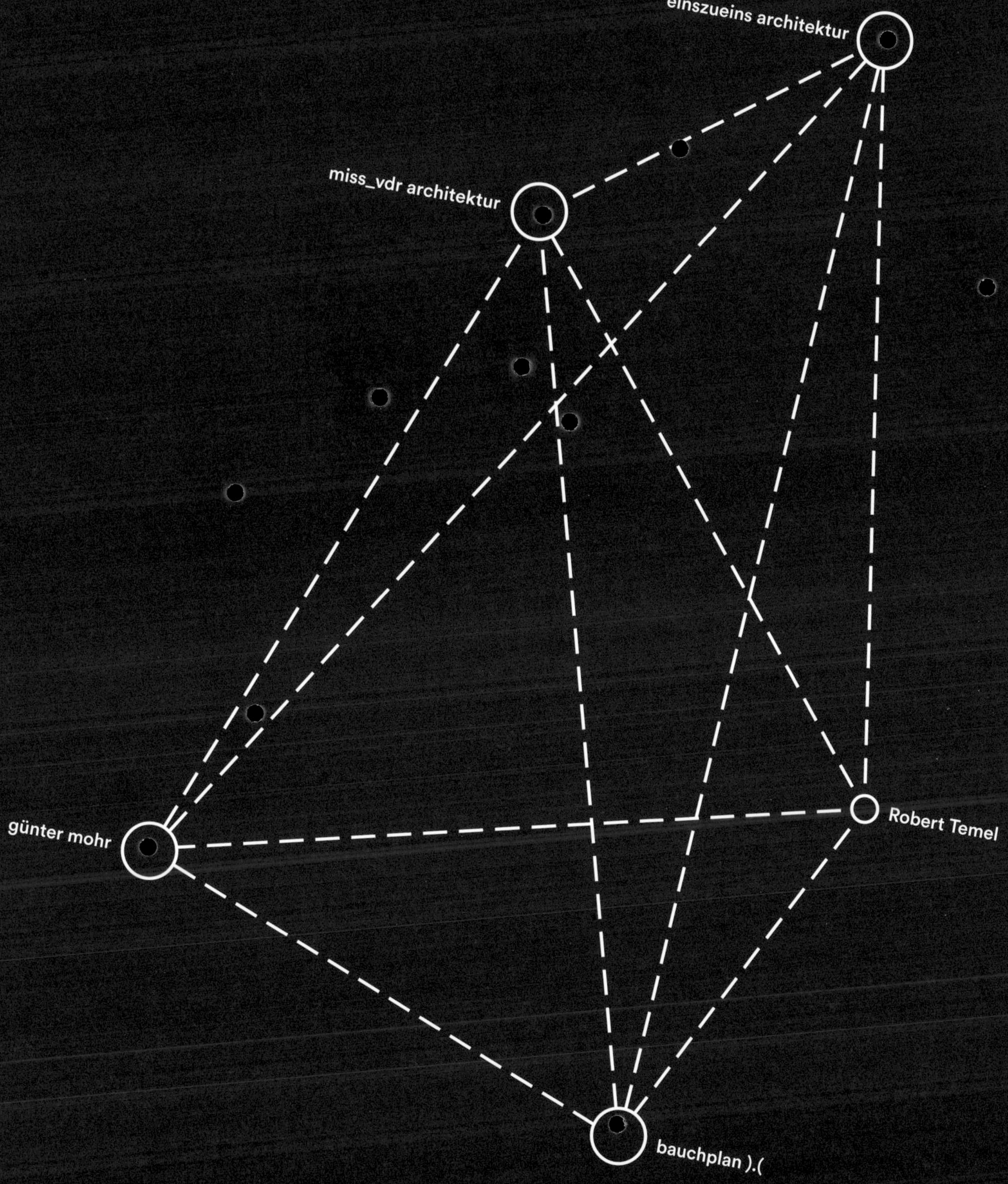

Werkstattgespräch 3
Studio Talk 3

28. Jänner 2015
Büro miss_vdr architektur
Zirkusgasse 31, 1020 Wien

Mit bauchplan).((Marie-Theres
Okresek, Rupert Halbartschlager),
Günter Mohr, einszueins architektur
(Katharina Bayer), miss_vdr architektur
(Theresa Häfele, Julia Nuler),
Moderation: Robert Temel

With bauchplan).((Marie-Theres
Okresek, Rupert Halbartschlager),
Günter Mohr, einszueins architektur
(Katharina Bayer), miss_vdr architektur
(Theresa Häfele, Julia Nuler),
Host: Robert Temel

↑ Glossar S. 2
↑ Glossary p. 2

»Das Leben als Architekt ist ja nicht nur ein Wunschkonzert«

Wie ist eure Lebenssituation? Wie schafft ihr es, den Beruf mit eurem Privatleben zu vereinbaren?

Theresa Häfele, miss_vdr architektur Wir haben uns bei unserem Zusammenschluss überlegt, dass wir die Diskrepanz zwischen Beruf und Privatleben über die Gruppe ausgleichen wollen, damit wir uns bei Bedarf freispielen können. Bei einem Projekt sind immer zwei von uns dabei, damit beide die Informationen haben, sich austauschen und einspringen können. Das erlaubt es uns, unserer individuellen Lebenssituation Platz zu geben und trotzdem für unsere AuftraggeberInnen Kontinuität zu wahren.

Julia Nuler, miss_vdr architektur Das ist die Freiheit und Flexibilität, die wir uns gönnen, das bedeutet aber auch, dass wir uns an gewisse Regeln halten und aufeinander verlassen können müssen.

Günter Mohr Und wie geht das mit Kindern?

Julia Nuler, miss_vdr architektur Das geht auch mit Kindern, Theresa hat zwei Kinder. Schon an der Uni hatten wir die Idee, als Frauen ein Büro zu gründen, das hat uns gereizt.

Theresa Häfele, miss_vdr architektur Wir haben überlegt, was wir tun müssen, damit jemand wegen Karenz, Krankheit, Auslandsaufenthalten ausfallen kann, ohne dass das ein Problem wird. Dafür haben wir auch Coachings in Anspruch genommen und andere Büros befragt.

Julia Nuler, miss_vdr architektur Ursprünglich wollten wir nur projektbezogen kooperieren, ganz offen. Aber das funktioniert irgendwann nicht mehr. Das Gemeinsame, die Gruppe ist wichtig.

Katharina Bayer, einszueins architektur Das erinnert mich an den Beginn der Gruppe Eisvogel ↑, damals waren wir 15 Leute aus dem Studium, die projektbezogen zusammengearbeitet haben. Dauerhaft geht so etwas nicht gut, deshalb haben Markus Zilker und ich unser Büro gegründet. Für uns war es von Beginn an wichtig, eine Balance zwischen Arbeit und Freizeit zu finden und eine normale Arbeitswoche mit Wochenenden und Abenden lediglich als Ausnahme zu haben. Besonders herausfordernd sind Wettbewerbssituationen, die in einen normalen Zeitplan nicht hineinpassen. Deshalb haben wir uns entschieden, nur wenige Wettbewerbe, zwei bis drei pro Jahr, zu machen. Und wir haben einen gewissen Pragmatismus. Wir haben beide Kinder, es muss möglich sein, dass wir zu einer bestimmten Zeit einfach gehen.

Marie-Theres Okresek, bauchplan).(Wir haben das nicht so diskutiert, als wir unser Büro aus dem Studium heraus gegründet haben. Am Anfang war das so: Man arbeitet, weil man gerade arbeitet, und man schläft, weil gerade Zeit dafür ist. Ein geregelter Rhythmus war unvorstellbar, das haben eigentlich erst die Kinder geschafft für uns.

Rupert Halbartschlager, bauchplan).(Am Anfang haben wir fast 24/7 gearbeitet, aber nach zwei, drei Jahren haben wir erkannt, dass wir das ändern müssen: Wochenenden sind Ausnahmen, niemand ist am Handy erreichbar, wir haben offiziell keine Mobiltelefone. Wir verbringen viel Zeit im Büro, es ist immer jemand da, dann ist alles gut aufteilbar.

»After all, life as an architect isn't just a bowl of cherries«

What is your living situation like? How do you manage to balance your personal life and your career?

Theresa Häfele, miss_vdr architektur When we joined forces, we already included the concept that we wanted the group to balance the discrepancies between professional and private life, in order to enable us to take time off when necessary. There are always two of us involved on a project, so both have the information and are able to replace and fill in for each other. This enables us to give room to our personal situation while ensuring continuity for our customers.

Julia Nuler, miss_vdr architektur This is the freedom and flexibility we allow ourselves, but it also means that we need to stick to the rules and be able to rely on each other.

Günter Mohr And how does that work with children?

Julia Nuler, miss_vdr architektur It also works with children. Theresa has two kids. We had the idea to establish a women's firm while we were still at university; it simply appealed to us.

Theresa Häfele, miss_vdr architektur We thought about what we would have to do in order to allow one of us to be able to take time off for maternity leave, sickness, or sabbaticals abroad without it causing a problem. To make sure we were doing it right, we enlisted the help of consultants and interviewed other companies.

Julia Nuler, miss_vdr architektur Originally, we only wanted to cooperate on a project basis, no strings attached. But at a certain point this just doesn't work any longer. The common cause, the group is important.

Katharina Bayer, einszueins architektur Which reminds me of the initial phase of the Eisvogel ↑ group. At the time, we were 15 people who knew each other from university and cooperated on a project basis. This didn't work out in the long term, which is why Markus Zilker and I founded our office. From the start, it was important to us to find a balance between work and leisure, to have a normal working week, with working evenings and weekends being an exception. This is a particular challenge when preparing for a competition, something that doesn't fit into a normal schedule. So we decided to do no more than a limited number of competitions, two or three every year. And we both have a certain degree of pragmatism. We both have children; it simply has to be possible to leave the office at a set time.

Marie-Theres Okresek, bauchplan).(We didn't discuss this when we established our office right after finishing our studies. At the beginning, it was like this: you worked because you were working at that moment, and you slept whenever there was time. A regular rhythm was inconceivable; it was really only the children who created that for us.

Rupert Halbartschlager, bauchplan).(Initially, we pretty much worked 24/7, but after two or three years, we realized we had to change that. Weekends are an exception, none of us can be reached on the cellphone – officially, we don't even have cellphones. We do spend a lot of time at the office and there is always someone there. This way, everything can be shared properly.

Katharina Bayer, einszueins architektur   Ich habe eine 16 Monate alte Tochter, und ich habe gesehen, bei mir als Frau ist das etwas anderes als bei meinem Büropartner mit dem Kind. Bei Architektur geht man davon aus, du bist dein Beruf. Im Studium wird suggeriert, du musst Nachtarbeit machen, du musst fürs Projekt leben, bis es perfekt ist. Das ist auch die Erwartung der Gesellschaft: Die Arbeit geht vor!

Günter Mohr   Wenn man mit der Uni fertig ist, dann ist aber auch die Arbeit das Leben, das ist zu der Zeit fließend. Kinder sind dann eine Zäsur, dann muss man umstrukturieren.

Katharina Bayer, einszueins architektur   Aber die Erwartungshaltung bleibt! Auftraggebern ist das egal, ob ich Kinder habe, die erwarten, dass ich 60 Stunden pro Woche voll da bin.

Marie-Theres Okresek, bauchplan).(Man muss das den Auftraggebern beibringen: Dass man auch einmal warten kann, dass die Projekte nicht an eine bestimmte Person gebunden sind. Aber das ist leichter gesagt als getan.

Rupert Halbartschlager, bauchplan).(Wir tauschen bewusst immer wieder die Ansprechpartner, Mitarbeiter kommen einmal mit, damit sie die Personen kennen – alles, um den Fokus auf eine Person zu reduzieren.

Theresa Häfele, miss_vdr architektur   Controlling war für uns ein wichtiger Schritt: Da haben wir dann gesehen, wie viele Stunden in Wettbewerbe fließen, und entschieden, dass wir nur zwei Wettbewerbe im Jahr machen. Wichtig finde ich, welches Bild man nach außen zeigen will: Wenn eine Architektin lieber sagt, sie muss zu einem geschäftlichen Termin, obwohl sie in Wirklichkeit ihr Kind abholt, dann ist das problematisch.

Katharina Bayer, einszueins architektur   Das ist eine gesellschaftliche Vereinbarung, wie viel man arbeitet und wie viel Zeit man für die Familie hat. In Dänemark ist das streng, da sind alle um 17 Uhr zu Hause, Männer und Frauen. Unsere Erkenntnis war, dass es nur funktioniert, wenn bei einem Elternpaar beide 30 Stunden arbeiten. Wenn einer von beiden mehr macht, geht es nicht mehr. Es gibt den Druck der Gesellschaft, immer mehr zu machen, aber das ist nicht architekturspezifisch, und Kinderbetreuung ist dabei nur ein Aspekt. Die Arbeit wird allgemein auf immer weniger Personen konzentriert.

Günter Mohr   Wir als Selbstständige können ja ohnehin vieles machen, was andere nicht können, wir leben das doch!

Theresa Häfele, miss_vdr architektur   Wir mussten für uns eine Form suchen, da gibt es keinen Standard. Wir haben uns dann ein, zwei andere Büros angesehen, die schon lange von Frauen geleitet werden, da geht es um Versicherungsfragen und so weiter. Wir mussten viel dafür investieren, das ist PionierInnenarbeit.

Wie sieht es im Vergleich dazu mit der Lebenssituation derjenigen aus, die eure Gebäude und Freiräume nützen? Wieviel wisst ihr über eure NutzerInnen?

Katharina Bayer, einszueins architektur   Wir haben uns auf Partizipation in der Architektur spezialisiert. Am Anfang haben wir kleine Projekte gemacht, bei denen man viel über die Auftraggeber weiß. Deshalb wollten wir auch im großen Maßstab

Katharina Bayer, einszueins architektur   My daughter is 16 months old now, and it has become clear that for me, a woman, this is different from what it is for my office partner with his child. In architecture, the assumption is that you are your job. At the university it is implied that you have to work nights, you have to live for the project until it is perfect. This is what society expects as well. Your job comes first!

Günter Mohr   After you finish your studies, after all, work is your life. At that stage, time just flows. Having children is a turning point that forces you to reorganize.

Katharina Bayer, einszueins architektur   But expectations remain the same! Clients don't care whether I have children or not, they expect me to be available 60 hours a week.

Marie-Theres Okresek, bauchplan).(Clients need to be taught that they will have to wait sometimes, that a project is not tied to a single person. But that's easier said than done.

Rupert Halbartschlager, bauchplan).(We deliberately change the contact person sometimes; employees accompany us once so they get to know everybody – all this serves to reduce the focus on one individual.

Theresa Häfele, miss_vdr architektur   Controlling was an important step for us. It made us realize how many hours went into competitions, and we decided to do only two competitions a year. To me, the image you want to project is important: When a female architect prefers to say that she has a business appointment even though she is really going to pick up her child, then that's a problem.

Katharina Bayer, einszueins architektur   How much you work and how much time you have for the family is a social convention. In Denmark it's quite strict, everybody – men and women – is home by 5 p.m. Our insight was that for a couple with children, it will only work when both work 30 hours. When one of them does more, it doesn't work out any more. There is social pressure to keep doing more, but that's not specific to architecture, and childcare is only one issue of several. Work in general is increasingly concentrated in fewer hands.

Günter Mohr   As freelancers, of course, we can do a lot of things that other people can't do – after all, we live it!

Theresa Häfele, miss_vdr architektur   We had to find our own way of doing things, there is no standard solution. We had a look at two or three other offices headed by women; regarding insurance issues and such things. We had to invest a lot into it; we are doing pioneering work.

What about the lifestyles of the people using your buildings and spaces? How much do you know about your users?

Katharina Bayer, einszueins architektur   We specialize in participation in architecture. Initially, we did small projects where you know a lot about your clients. This is why we wanted to cultivate the direct involvement of

das direkte Einbeziehen der NutzerInnen kultivieren, weil man nur dann nachhaltig baut, wenn man ihre Lebenssituation kennt – und die Architektur wird auch besser angenommen. Es ist sehr wertvoll zu sehen, was funktioniert und was nicht, was die Leute ärgert und was sie glücklich macht.

Günter Mohr   Bei uns war es anfangs auch so, dass wir kleine Projekte hatten, für die man viel Zeit aufbringt, sich hineindenkt, alles analysiert. Bei großen Projekten geht das weniger gut, da ist die Frage, ob man die früheren Werkzeuge noch

users in large-scale projects, too, because you can only build sustainably when you know their lifestyle – and the acceptance of architecture is improved. It is extremely useful to see what works and what doesn't, what irritates people and what makes them happy.

Günter Mohr   We too started with small projects in the beginning, where you invest a lot of time and thought into analyzing everything. In large projects, this doesn't work as well; the question is whether you can still use your old

Wir haben gute Erfahrungen damit gemacht, wenn Leute, die in verschiedene Richtungen denken, zusammenarbeiten.

We have very good experiences in this regard, with people who think in different ways working together.

verwenden kann. Wir machen viel Infrastrukturbau. Da haben wir großes eigenes Wissen, aber ich bin auch offen hörend unterwegs in der U-Bahn, im Zug, und bekomme mit, was die Leute stört. Wenn man anonyme Sachen macht, ist natürlich das Meinungsspektrum sehr breit, da kann etwas für den einen genau passen und für den anderen gar nicht.

Marie-Theres Okresek, bauchplan).(Wir machen vor allem öffentliche Räume, deshalb gibt es bei uns fast nie direkte Ansprechpartner. Uns ist es wichtig zu analysieren: Wer wird den Raum nutzen, wie kann man Offenheit herstellen für viele Nutzergruppen, wie kann der Raum vielschichtig und im Tagesverlauf wechselnd genützt werden. Wir wollen gerade nicht, was in Wien üblich ist, dass jede Funktion separiert wird und jeder seine Nische hat.

Rupert Halbartschlager, bauchplan).(Das ist ein großer Unterschied zwischen Architektur und Landschaftsarchitektur: Bei der Architektur gibt es definierte Funktionen. Der öffentliche Freiraum ist nie definiert, deshalb versucht man aufgrund gewisser Strömungen, Festlegungen zu machen. Das ist selten wissenschaftlich fundiert, es gibt viel zu wenig Daten darüber. Bei Partizipation im öffentlichen Raum gibt es viele Nutzergruppen, aber meist werden dann die Lautesten gehört, man kann ja nicht alle fragen. Zum Beispiel MigrantInnen oder sozial Benachteiligte erreicht man kaum. Und wenn man fragt, dann wollen alle einen Spielplatz und so weiter, man endet bei einer Addition und es sieht überall gleich aus.

Marie-Theres Okresek, bauchplan).(Ja, wenn man VolksschülerInnen fragt, was sie sich wünschen, dann zeichnen alle das Gleiche, nämlich das, was sie kennen!

Rupert Halbartschlager, bauchplan).(Wir versuchen mit dem Widerspruch zwischen Individuum und Gesellschaft umzugehen. Wir wollen das Gesellschaftliche aufnehmen, das ist oft abstrakt, philosophisch, sozial. Und wir wollen mit dem Individuellen, Phänomenologischen arbeiten. Es ist unsere Aufgabe, diesen Widerspruch zu lösen. Ich bin nicht gegen Partizipation im öffentlichen Freiraum, die Diskussion mit AnwohnerInnen, NutzerInnen ist wichtig, aber die Wünsche sind nicht eins zu eins umsetzbar.

tools. We do a lot of infrastructure building. We have a great pool of knowledge, but I also keep an open ear when travelling on the subway or on a train, and I listen to what bothers people. When you do anonymous things, there is obviously a broad range of opinion. Something might be perfect for one user, and a no-go for another.

Marie-Theres Okresek, bauchplan).(We mostly do public space, so we hardly ever have direct contacts. For us, it is important to analyze who will use the space, how to establish openness for a multitude of different groups of users, how the space can be used in a complex manner that changes over the course of the day. We decidedly do not want what is common in Vienna: to separate each function and create a niche for each group.

Rupert Halbartschlager, bauchplan).(This is a huge difference between architecture and landscaping: in architecture, there are clearly defined functions. Public space is never defined, which is why some trends try to establish definitions. There is rarely any scientific background to them, due to a lack of data. Participation in public space has a plethora of user groups, but it is the noisiest ones that are heard the most. After all, you can't ask everybody. Migrants for example, or socially disadvantaged individuals, are very hard to reach. And when you ask, everybody wants a playground, and so on, and you finish with an addition, and then everywhere looks the same.

Marie-Theres Okresek, bauchplan).(Yes, when you ask primary school-age children what they would like, they all draw the same thing, which is what they already know!

Rupert Halbartschlager, bauchplan).(We try to address the contradictions between individuals and society. We want to include society, which is often abstract, philosophical, and social. And we want to engage the personal, the phenomenological. It is our task to resolve this contradiction. I am not against participation in public space, discussion with local residents and users is important, but their ideas cannot necessarily be implemented directly.

Katharina Bayer, einszueins architektur   Für mich ist Partizipation ein sehr breiter Begriff, das umfasst direktes Mitplanen, aber auch Information, Transparenz, gute Evaluierung, Rückfragen nachher. Dieses direkte Umsetzen geht ja bei uns auch nicht, es gibt Sackgassen in der Partizipation. Es geht nicht darum, die PlanerInnenrolle auf Laien abzuwälzen, sondern zu verstehen, was verschiedene NutzerInnen brauchen.

Theresa Häfele, miss_vdr architektur   Wir haben meist noch private AuftraggeberInnen, Projekte mit direktem Bezug. Wir kommen mit einer Idee, aber wir wollen auch im Prozess flexibel bleiben, auf die AuftraggeberInnen reagieren. Das ist ein interessantes Spannungsfeld.

Julia Nuler, miss_vdr architektur   Es geht auch darum, ob es zwischen uns und den Bauherren passt. Manchmal ist es besser, nach dem Vorentwurf wieder zu gehen. Wir brauchen Bauherren, die uns vertrauen, mit denen wir gemeinsam etwas entwickeln können.

Theresa Häfele, miss_vdr architektur   Es kommen ja auch gewisse AuftraggeberInnen zu uns, weil wir so agieren, wie wir sind. Das ist gut so. Man kann nie den ganzen Markt und alle Bedürfnisse abdecken. Man kann sich nicht verbiegen, sonst entstehen Projekte, zu denen man letztendlich nicht stehen kann. Wir wollen authentisch und transparent sein.

Marie-Theres Okresek, bauchplan).(Die Gesprächsebene zwischen Bauherren und ArchitektInnen ist essentiell, da bekommt man plötzlich Einblick in ein Privatleben wie sonst nur Psychologen.

Katharina Bayer, einszueins architektur   Am Anfang, bei Einfamilienhäusern, haben wir Fragebögen verwendet – einerseits um Bedürfnisse herauszufinden, aber wir hatten auch einen Psychotest, mit dem die Leute in »Wohntypen« eingeteilt wurden. Sie haben dadurch verstanden: Wohnen ist auch viel Psychologie.

Wie wesentlich ist Kooperation für eure Arbeit? Mit wem kooperiert Ihr, welche Ziele verfolgt ihr mit Kooperation?

Rupert Halbartschlager, bauchplan).(Wir kooperieren viel, im Freiraum gibt es ein extrem breites Aufgabenspektrum vom Städtebau bis zur Pflanzenverwendung. Aber wir sind dabei immer die Letztverantwortlichen. Wir kooperieren mit KünstlerInnen, SoziologInnen, GrafikerInnen, StatikerInnen, auch ArchitektInnen. Das Umgekehrte, dass wir für Architekten Dienstleister sind, ist schwieriger für uns.

Marie-Theres Okresek, bauchplan).(Da ist das Selbstverständnis plötzlich ganz anders. Wenn wir ein Projekt machen, dann sehr überlegt, es wird alles ausdiskutiert, und es ist selten, dass wir nur einen Freiraum zu einem Gebäude machen. Da wird man meistens zu spät dazugeholt und dann endet das oft in einem absurden Machtkampf. Es gibt einige ArchitektInnen, mit denen wir schon lange kooperieren, die wissen, wie wir ticken. Aber diesen Fall: Wir müssen am Montag einen Wettbewerb abgeben, könnt ihr noch, das machen wir nicht.

Günter Mohr   Die Frage ist: Wer kooperiert? Wenn mehrere ArchitektInnen zusammen entwerfen, ist das schwierig.

Katharina Bayer, einszueins architektur   Participation to me is a very broad concept that includes direct planning input as well as information, transparency, good evaluation, and feedback. Direct implementation obviously doesn't work in our case either; participation can lead to dead ends. It is not about dumping the task of planning onto non-experts, but about understanding the needs of different users.

Theresa Häfele, miss_vdr architektur   Our clients are still mostly private investors with a direct interest. We present an idea, but we aim to remain flexible during the process, to react to the client. This creates an interesting tension.

Julia Nuler, miss_vdr architektur   It is also a matter of whether the dynamics between us and the client work. Sometimes it is better to leave after the preliminary design. We need clients who trust us, with whom we can develop something.

Theresa Häfele, miss_vdr architektur   Some clients come to us because the way we act is the way we are. This is a good thing. You can never cover all of the market and all needs. You cannot bend over backwards, or in the end you wouldn't be able to stand by the resulting projects. We want to be authentic and transparent.

Marie-Theres Okresek, bauchplan).(Communication between the client and the architects is essential and can sometimes even provide you a psychologist's insight into a private life.

Katharina Bayer, einszueins architektur   In the beginning, for family homes, we used questionnaires – to learn about needs, and we also had a psychological test grouping people into »living types«. It made them understand that how you live also has a lot to do with psychology.

How essential is collaboration for your work? Who do you collaborate with and what are your goals in doing so?

Rupert Halbartschlager, bauchplan).(We have many collaborations. In open space, there is a broad range of tasks, from urban development to the use of plants. But we are always the ones with the ultimate responsibility. We cooperate with artists, sociologists, graphic designers, structural engineers, and architects. The reverse case, delivering a service to other architects, is more difficult for us.

Marie-Theres Okresek, bauchplan).(It implies a completely different self-concept. When we do a project, it is very thought-out, everything is discussed, and it is rare that we just do an open space next to a building. Those are the cases when we are taken in at a very late stage, and this often ends in absurd infighting. There are some architects we have long-standing collaborations with; they know what we are like. But what we don't do is: »We need to submit a competition on Monday, could you please...«

Günter Mohr   The question is who collaborates with whom? It is difficult when several architects share

1 Marie-Theres Okresek
2 Rupert Halbartschlager
3 Julia Nuler
4 Theresa Häfele
5 Günter Mohr
6 Katharina Bayer

einszueins architektur [6]

miss_vdr architektur [3] [4]

4

5

6

günter mohr [5]

bauchplan).([1] [2]

Und als Vorarlberger ist es für mich in Wien seltsam, dass HandwerkerInnen hier als hörig betrachtet werden, die machen sollen, was man ihnen sagt. In Vorarlberg ist es so, dass die HandwerkerInnen in ihrem Bereich besser Bescheid wissen als die ArchitektInnen und deshalb als gleichberechtigt Beteiligte gesehen werden.

Katharina Bayer, einszueins architektur Wir kooperieren immer wieder mit anderen ArchitektInnen und tun dies sehr überlegt: Was bringen die PartnerInnen ein, das wir nicht haben? Wo haben sie einen Kernbereich, in dem wir uns weiterentwickeln wollen? Wir haben gute Erfahrungen damit gemacht, wenn Leute, die in verschiedene Richtungen denken, zusammenarbeiten. Das ist spannend.

Julia Nuler, miss_vdr architektur Wir haben kürzlich bei dem Ausstellungsprojekt »Baukultur Wien« als Teil einer großen Gruppe gearbeitet, da waren wir anfangs skeptisch. Aber im Nachhinein muss ich sagen, das war eine tolle Erfahrung. Wir haben mit Heri & Salli kooperiert, das war total bereichernd für uns, und es hat Spaß gemacht.

Theresa Häfele, miss_vdr architektur Für kleine Büros ist es wichtig, Netzwerke zu bilden, um sich für größere Aufträge, nächste Schritte erweitern zu können. Wir haben uns auch umgehört, wie andere arbeiten. Für uns ist dieser Austausch wichtig.

Marie-Theres Okresek, bauchplan).(Wobei ich schon in Erinnerung habe, dass Kooperation auch viel Kraft kostet. Mittlerweile haben wir ein gutes Netzwerk, unsere PraktikantInnen haben eigene Büros in verschiedenen Ländern. Zum Beispiel für einen Wettbewerb in Kroatien wüsste ich sofort, wen ich aktivieren kann.

Rupert Halbartschlager, bauchplan).(Natürlich sind neue Kooperationen auch wichtig, es geht immer wieder auch um das persönliche Hinterfragen, ums Hören kritischer Stimmen. Wir kooperieren auch viel mit Firmen für die Entwicklung von Details und von Produkten. Aber mit wirtschaftlichem Denken lässt sich das schwer vereinbaren: Wo hört man auf? Kooperation ist immer mehr Arbeit, nicht weniger.

Katharina Bayer, einszueins architektur Ein zentrales Thema für uns sind die kooperativen Verfahren↑. Es ist sinnvoll, Kompetenzen zu kombinieren, verschiedene Perspektiven auf ein Problem zu haben. Und: Man muss Kooperation auch planen. Durch die vielen kooperativen Verfahren hat der Begriff neue Bedeutung gewonnen.

Sollen sich (Landschafts-)Architekturbüros spezialisieren? Und wie positioniert man sich heute als (Landschafts-)Architekturbüro?

Katharina Bayer, einszueins architektur Wir haben uns entschlossen, uns auf Mitbestimmung im Wohnbau und kooperative Stadtplanung zu spezialisieren. Das war eine bewusste Entscheidung nach Jahren normaler Büroerfahrung. Wir wollten nicht die praktischen Ärzte der Architektur werden und haben eine Spezialisierung gesucht, die uns über Jahre trägt, an der wir langfristig arbeiten können. Und sobald wir diesen Fokus hatten, kamen die Dinge auf uns zu, haben wir das Umfeld dafür gefunden und das Thema wurde der Motor für die

the design. And for me, coming from Vorarlberg, what is strange in Vienna is that craftsmen are treated as subordinate, that they are only supposed to do what they are told. In Vorarlberg, craftsmen are regarded as experts in their field who know more than the architect, and so they are treated as equals.

Katharina Bayer, einszueins architektur We sometimes cooperate with other architects, and we think it through very carefully. What do those partners bring in that we do not have? What is their core area that we want to develop? We have very good experiences in this regard, with people who think in different ways working together. It's interesting.

Julia Nuler, miss_vdr architektur Recently, we worked on the »Baukultur Wien« exhibition project as part of a large group. Initially, we were skeptical. But in hindsight, I have to say that it was a great experience. We cooperated with Heri & Salli, which was very rewarding for us. And fun, too.

Theresa Häfele, miss_vdr architektur Creating networks is important for small offices. They enable us to expand for bigger tasks for the next steps. We also ask around about how others work. This kind of exchange is important for us.

Marie-Theres Okresek, bauchplan).(Which reminds me that cooperation also has its costs. We have a good network now; our former interns have their own offices in different countries. For a competition in Croatia, for example, I'd immediately know who to mobilize.

Rupert Halbartschlager, bauchplan).(Obviously, new collaborations are also important; it is important to question oneself, to listen to critical voices. We also collaborate with companies when developing details and products. But this is not easily reconciled with economic thinking: Where do you stop? Cooperation always means more work, not less.

Katharina Bayer, einszueins architektur A core issue for us is the cooperative planning procedure↑. It makes sense to combine competencies, to include different perspectives on a problem. And you need to plan collaboration, too. Because of the number of cooperative planning procedures, the term has gained in importance.

Should (landscape) architecture firms specialize? And how does one position a firm on the market these days?

Katharina Bayer, einszueins architektur We decided to specialize in participation in residential building and cooperative urban planning. This was a conscious decision after years of experience as a normal office. We did not want to become the GPs of architecture, and so we looked for a specialization that would sustain us for years, on which we can work in the long term. And as soon as we had this focus, things came up, we found the right environment, and it became the driving force behind the

Büroentwicklung. Aber es gibt KollegInnen, die sagen, ich will mich nicht so einschränken.

Günter Mohr   Das Leben als Architekt ist ja nicht nur ein Wunschkonzert: In vieles stolpert man auch einfach hinein. Wir sind auf Infrastruktur konzentriert. Ich sehe mich stark als Konstrukteur, der sich mit technischen Fragen befasst, und dazu passt Infrastruktur sehr gut. Das ist ein Feld, bei dem es auch darum geht, viel Technik unter einen Hut zu bringen und in einen Gestaltungsrahmen zu integrieren. Wenn man das macht, dann wird man wahrgenommen, erarbeitet sich ein bestimmtes Wissen und kriegt einen Namen dafür.

Julia Nuler, miss_vdr architektur   In das Projekt, das ich vorher beschrieben habe, sind wir eher hineingestolpert, und das hat uns gefallen. So etwas ist nicht so leicht steuerbar. Vielleicht eher, indem man ausschließt, wo man nicht hin will.

Theresa Häfele, miss_vdr architektur   Ursprünglich haben wir uns gefunden, weil wir idealistisch vorgehen wollten: Wo spiegelt sich unsere Sichtweise, wo gibt es Zusammenhänge, NutzerInnengruppen, mit denen man an nicht so gängigen Rollenbildern oder Wohntypen arbeiten kann? Heute sind wir auch pragmatischer geworden und wollen zudem einen gesellschaftlichen Auftrag wahrnehmen.

Julia Nuler, miss_vdr architektur   Ja, das gilt für jedes Thema: Wohnbau, Schule, Krankenhaus. Ob wir uns spezialisieren sollen, das muss sicher noch genauer definiert werden, aber so weit sind wir noch nicht.

Marie-Theres Okresek, bauchplan).(Wir diskutieren bei jedem Projekt die soziale Relevanz. Wir bekommen fast alle Aufträge über Wettbewerbe und bewerben uns dort, wo uns etwas interessiert. Wir haben uns nicht spezialisiert, wir haben sogar die Begriffe Landschaftsarchitektur und Städtebau wieder aus unserem Namen herausgenommen. Wenn uns Leute fragen, was wir machen, wäre das mit diesen Wörtern nicht erklärbar, wir sind so breit gefächert, die Maßstäbe, die Anforderungen sind so verschieden.

Wir wollten nicht die praktischen Ärzte der Architektur werden und haben eine Spezialisierung gesucht, die uns über Jahre trägt.

We did not want to become the GPs of architecture, and so we looked for a specialization that would sustain us for years.

Rupert Halbartschlager, bauchplan).(Bei uns ist die Spezialisierung nicht so bedeutsam, weil uns unsere Positionierung so wichtig ist. Wir arbeiten teils seit Jahren an Projekten, die keinen Cent einbringen. Zum Beispiel unsere Grenzraumprojekte, da gibt es sehr viel Zuspruch, aber kein Geld.

Marie-Theres Okresek, bauchplan).(Wir werden oft zu Vorträgen eingeladen, wie man die Nahrungsmittelproduktion zurück in die Stadt holen kann. Genau die unlukrativen Projekte schaffen es in die Zeitung, sind Vortragsthemen, werden von Laien toll gefunden.

Rupert Halbartschlager, bauchplan).(Über die Jahre haben sich ein paar Dinge herauskristallisiert: Wir wollen Projekte

office's development. But there are also some colleagues who say they don't want to limit themselves like this.

Günter Mohr   After all, life as an architect isn't a bowl of cherries. There are a lot of things one simply stumbles into. We focus on infrastructure. I strongly see myself as a design engineer who deals with technical issues, and infrastructure is a good fit for that. It is a field that includes juggling a lot of technology and integrating it into a design framework. If you do that, you will be noticed, you acquire specific knowledge, and you get a name for it.

Julia Nuler, miss_vdr architektur   We more or less stumbled onto the project I talked about just now, and we liked it. Things like that can't always be controlled that easily. Maybe it works better by excluding the directions you don't want to go.

Theresa Häfele, miss_vdr architektur   Originally, we came together because we wanted to proceed idealistically: Where do we see our perspectives reflected? Where are connections and user groups with whom you can work on less established role models and ways of living? Now, we have become more pragmatic, and we also want to provide a social service.

Julia Nuler, miss_vdr architektur   Yes, this is true for any task: residential buildings, schools, hospitals. We surely need to more clearly define whether or not we want to specialize, but we haven't reached that point yet.

Marie-Theres Okresek, bauchplan).(We discuss the social relevance of every project. We get nearly all our jobs through competitions, and we make bids when we are interested. We haven't specialized, we even took the words landscaping and urban planning back out of our name. When people ask what we do, we aren't able to explain it with those words; we are so diversified, the criteria and requirements are so different.

Rupert Halbartschlager, bauchplan).(In our case, specialization is not as relevant because our approach is so important to us. We have been working on projects for years that don't earn us a cent. For example, our border region projects, which earn lots of praise, but no money.

Marie-Theres Okresek, bauchplan).(We are often invited to give lectures on how to return food production to the city. It is the non-profit projects that make it into the papers, that are the subject of lectures, that the general public loves.

Rupert Halbartschlager, bauchplan).(Some things have become clear over the years: We always want to

immer über die Phänomenologie begreifen; es geht uns um den Widerspruch zwischen Individuum und Gesellschaft; und es geht uns um Konzepte zwischen Raum und Atmosphäre.

Katharina Bayer, einszueins architektur Der Ausgangspunkt gesellschaftliche Relevanz ist sicher etwas, das die Büros hier verbindet. Wir haben uns überlegt, was ausschlaggebend ist, damit wir einen Auftrag annehmen, und da gibt es für uns drei Ebenen: Geld, Menschen, die Sache. Nur wenn zumindest zwei davon super sind, wollen wir das Projekt machen.

Gibt es eurer Meinung nach so etwas wie eine aktuelle Tendenz in der Wiener Szene der (Landschafts-)ArchitektInnen? Gibt es brennende Themen, ähnliche Vorgangsweisen und Positionierungen?

Günter Mohr Wir wollen vor allem nicht, dass LandschaftsarchitektInnen und ArchitektInnen gegeneinander ausgespielt werden. In der Vergangenheit war es immer so, dass man die ArchitektInnen eher gebraucht hat und sich gedacht hat, draußen streuen wir einfach einen Rasen, aber das ändert sich glücklicherweise gerade. Der Freiraum wird wichtiger in der Stadt, weil die Stadt dichter wird.

Rupert Halbartschlager, bauchplan).(Das Auftreten unserer Profession ist schon viel besser geworden, aber es gibt Aufholbedarf. Und die Stadt muss sehen, dass Städtebau und Freiraumplanung wichtige Aufgaben sind! Aber das ist ein europaweites Problem, dass Städtebau heute nicht existiert und es als Ersatz Investorenarchitektur gibt. Die Politik zieht sich zurück, Wien versucht dagegenzuhalten, allerdings nicht fachlich, sondern mit sozialem Wohnbau. Der Städtebau gehört zurück zu den PlanerInnen. Bei der Wiener Spezialisierung auf den Wohnbau sind Städtebau und Freiraum untergegangen. Es gäbe so viele Projekte, wo man mit geringen Mitteln viel bewirken könnte, an kleinen und größeren Ecken. Zum Beispiel das Museumsquartier: Das ist innen super, aber davor ist die größte Grünfläche des 7. Bezirks, das ist weggeschmissener Raum.

Marie-Theres Okresek, bauchplan).(In Wien gibt es auch keine Eigeninitiative im Freiraum, das ist in Berlin ganz anders.

Rupert Halbartschlager, bauchplan).(Es gibt kein Gesamtkonzept, keine politische Vision und Leute, die etwas umsetzen wollen. Es fehlt auch die Profession im Städtebau, im Freiraum. Es fehlen die Büros, die forschen, die Städtebau betreiben, ohne dass sofort ein Investor da ist und sagt, so machen wir es.

Katharina Bayer, einszueins architektur Die Städtebaubüros fehlen ja, weil es kaum Aufträge gibt, die ein Büro tragen. Aber da ändert sich derzeit etwas. Durch die fehlende Ausbildung ist uns diese Profession verloren gegangen. Die wurde der Architektur zugeordnet, ist aber dort nicht zentral. Dafür müsste man erst eine Planungskultur aufbauen.

Rupert Halbartschlager, bauchplan).(Es gibt so viele Beispiele für Freiraumprogramme in europäischen Städten, die mit geringen Mitteln Enormes bewirkt haben. Barcelona ist seit 30 Jahren das Paradebeispiel. Die Fußgängerzone in der Mariahilfer Straße ist ein tolles Projekt in dieser Hinsicht. Da gab es einen Wettbewerb, es gab

understand projects through phenomenology. It is about the contradiction between the individual and society; and it is about concepts of space and atmosphere.

Katharina Bayer, einszueins architektur Social relevance is clearly a theme that unites the offices here. We have thought about what is crucial for us in order to accept a job, and there are three levels: money, people and the cause. We only want to do a project when at least two of these are great.

In your opinion, is there a contemporary trend among Viennese (landscape) architects? Are there any hot topics, parallel methodologies, or similar approaches?

Günter Mohr Above all, we don't want landscape planners and architects to be played off against each other. In the past, it was usually the architects that were needed more, and people thought that outside, well, just spread out a lawn. Fortunately, this is changing. Open space is becoming more important in the city, because the city is becoming more condensed.

Rupert Halbartschlager, bauchplan).(Our profession's reputation has greatly improved, but it still lags behind. And the city needs to see that urban planning and open space planning are important issues! It is a problem throughout Europe that urban design doesn't really exist, that it is replaced by investment architecture. Politics retracts from it. Vienna tries to counter it not with urban design, but with social housing. Urban design should be back in the hands of the planners. In Vienna's residential building specialization, urban design and open space have taken a back seat. There are so many projects where you could do a lot with very little, on a smaller or larger scale. For example the Museumsquartier: Inside, it's great, but in front of it is the largest green area in the 7th district, and it is wasted space.

Marie-Theres Okresek, bauchplan).(In Vienna, there are also no private initiatives in open space, something that's completely different in Berlin.

Rupert Halbartschlager, bauchplan).(There is no overall concept, no political vision, and nobody who want to do anything. Professionalism is lacking in urban design, and open space, too. There are no offices doing research, doing urban design without an investor who says, right, that's how we'll do it.

Katharina Bayer, einszueins architektur Urban design offices are lacking precisely because there are hardly any jobs to sustain an office. But that seems to be changing. The profession has been lost to us because of a lack of training. It was subsumed into architecture, but isn't the focus there. We would first have to establish a culture of planning.

Rupert Halbartschlager, bauchplan).(There are so many examples of open space programs in European cities that have had an enormous impact using very little means. Barcelona is the prime example, and has been for 30 years. The pedestrian zone of Mariahilferstraße is a great project in this respect as well. There was a competition, there

Bürgerbeteiligung, das ist wirklich gelungen. Das Projekt wird Wien weit nach vorne bringen. Da hat sich die Politik den Schwierigkeiten gestellt und war mutig.

Günter Mohr   Jetzt im Nachhinein waren alle schon immer dafür, aber das war vorher anders.

Was ist das Besondere an Wien, im Unterschied zu anderen Städten in Europa?

Katharina Bayer, einszueins architektur   Typisch ist das Spannungsfeld zwischen Kontrolle und Verwaltung sowie Freiheit. Vieles funktioniert gut, ist aber stark kontrolliert, zum Beispiel der Wohnbau, wo die Stadt alles selbst machen will. Die Baugruppen↑ sind möglich, aber da gibt es auch enge Grenzen. Und es hat lange gedauert, bis man das als positiv erkannt hat, es hieß immer, das ist eine Nische, das ist nicht nötig, weil Wien es eh so gut macht. Wien wächst, die Globalisierung wirkt. Aber die Kontrolle ist nach wie vor sehr stark, da muss Wien auch loslassen. Für innovative Dinge, für hohe Qualität braucht es Freiheit, es braucht das starke Gegenüber der Zivilgesellschaft und der Profession, die den Dialog mit der Stadt auf Augenhöhe führen.

Günter Mohr   In Wien ist es für junge ArchitektInnen sehr schwierig zu bauen, da wird man erst ab einer gewissen Größe wahrgenommen.

Rupert Halbartschlager, bauchplan).(Fehlende Möglichkeiten in Wien liegen auch an der Gesetzeslage, beispielsweise sind die rechtlichen Rahmenbedingungen des Flächennutzungsplans in Deutschland stärker verankert. Bei städtebaulichen Vorgaben sind München oder Hamburg viel strikter als Wien.

Was wollt ihr von der Stadt?

Katharina Bayer, einszueins architektur   Ich will, dass im Wohnbau und Städtebau mehr Vielfalt zugelassen wird. In den letzten Jahren passiert das schon ein bisschen, aber über Umwege, dafür müsste man klar einstehen. Zum Beispiel mit einer eigenen Förderschiene für Baugruppen↑. Stadtentwicklung sollte in einem inhaltlichen Dialog entstehen und nicht so stark von der Stadt vorgegeben werden.

Günter Mohr   Es gibt in Wien einfach zu oft die kleinen Wettbewerbe, die versanden. Die großen, die Bauträgerwettbewerbe↑ werden natürlich realisiert. Und in den Wohnbaubereich kommt man als Junger nicht hinein. Da bräuchte es mehr Offenheit, neue Sachen auszuprobieren.

Rupert Halbartschlager, bauchplan).(Ich wünsche mir, dass die Stadt Wien die Stadtentwicklung ernster nimmt und auch über Wettbewerbe und mehr Öffentlichkeit betreibt. Und der Freiraum sollte eine höhere Wertigkeit erhalten, man sollte ihn als gesellschaftliches Instrument nutzen.

Theresa Häfele, miss_vdr architektur   Der Zugang über Bewerbungsverfahren und Kooperationen ist aufwändig und bietet wenig Chancen für junge Büros. Gute Aktionen wie YoVA gehören wahrgenommen, da gibt es Potenzial,

---

was citizen participation, and it really worked. The project is going to move Vienna far forward. In this case, politics confronted the problems and showed courage.

Günter Mohr   In hindsight, everybody was always for it, but it was a different story before.

What is particularly special about Vienna, when compared to other European cities?

Katharina Bayer, einszueins architektur   What is typical is the tension between regulation, administration, and freedom. Many things work well when they are strongly controlled, residential buildings, for example, where the city wants to do everything itself. Baugruppen↑ are possible, but the limits are very narrow. And it took a long time before they were seen in a positive light. People always said it was a niche; it's not necessary, because Vienna is doing such a good job anyway. Vienna is growing; globalization is taking effect. But control is still very strong, and Vienna needs to let go as well. For innovative projects and high quality, you need freedom. You need strong counterparts in civil society and in the professional world who can engage in a dialogue with the city as equals.

Günter Mohr: In Vienna, it is very difficult for young architects to build. You are only noticed once you've reached a certain size.

Rupert Halbartschlager, bauchplan).(In Vienna, a certain lack of potential is also due to the legal framework. For example, the legal zoning framework is much better defined in Germany. Munich and Hamburg are also both much stricter about urban planning specifications than Vienna is.

What would you like from the city?

Katharina Bayer, einszueins architektur   I want it to allow for more diversity in residential building and urban design. This has started to be the case in recent years, but the long way round; it needs to have a clear position. For example, with a separate funding framework for Baugruppen. Urban development should emerge from a content-oriented dialogue, and less from municipal guidelines.

Günter Mohr   In Vienna, there are too many small competitions that don't go anywhere. Large developer competitions↑ are, of course, realized. And it's hard to get into the residential field as a newcomer. More openness for trying new things would be needed.

Rupert Halbartschlager, bauchplan).(I would like the City of Vienna to take urban development more seriously, and to publicize it more through competitions. Open space should be valued more; it should be utilized as a social tool.

Theresa Häfele, miss_vdr architektur   The approach via application procedures and cooperation is complex and offers few opportunities for new companies. Good campaigns like YoVA need to be acknowledged. That's where the

engagierte Leute, die für kleine Bauaufgaben höchste Qualität liefern können. Das Kleine hat auch seine Wichtigkeit.

Rupert Halbartschlager, bauchplan).(Das Kleine ist für das Alltagsleben das Interessantere, etwa die vielen kleinen Beserlparks. Das Große gibt zwar die Struktur vor, aber das Kleine macht das Flair aus.

Wenn ihr euch eine Aufgabe in Wien aussuchen könntet, was würdet ihr der Stadtpolitik vorschlagen?

Katharina Bayer, einszueins architektur Wir wünschen uns ein Projekt der Quartierentwicklung, ein großes, genossenschaftlich organisiertes, kooperativ entwickeltes Projekt, ähnlich wie »Wohnen morgen« in Zürich. Mit Baugruppen, in städtebaulicher Vielfalt, das durch seine Lebendigkeit einen Maßstabssprung bringt.

Julia Nuler, miss_vdr architektur Wir wollen ein Projekt zu Bildung und öffentlichem Raum umsetzen: Eine Vision, dass Bildung nicht nur in der Institution Schule stattfindet, sondern auch im Alltag.

Theresa Häfele, miss_vdr architektur Wir wollen eine Stadt für alle Menschen. Die Stadt soll die unterschiedlichen Bedürfnisse der BewohnerInnen widerspiegeln. Aktuell sehen wir ein Potenzial im Ganztags-Schulmodell, das neue Raumkonzepte über das Klassenzimmer hinaus fordert. Dabei geht es um Bewegung, Lebensraum, die Notwendigkeit, Freiraum zu integrieren, das Konzept Schule zu öffnen. Auch hier setzen wir auf den Prozess mit den Beteiligten: Demokratische Schulentwicklung bringt neue Lern-Orte, die gleichzeitig auch Lebens-Orte sind.

Rupert Halbartschlager, bauchplan).(Für uns wären zwei Dinge interessant. Erstens sind wir mit dem Büro gerade nach Atzgersdorf gezogen und wollen hier stadtplanerisch tätig werden, das ist ein unglaublich spannender Teil von Wien mit enormem Nutzungspotenzial, mit vielen Brachflächen. Und das zweite ist, dass wir den Schwedenplatz umbauen wollen.

Marie-Theres Okresek, bauchplan).(Und das dritte: Einen Nahrungsmittelstadtplan für Wien entwickeln; prüfen, wie sich Wien ernährt, wie es sich ernähren will, wie man die anonyme Lebensmittelproduktion greifbar machen kann.

Rupert Halbartschlager, bauchplan).(Das ist unsere Stadtvision: Nahrungsmittel zurück in die Stadt! Das passiert ja teils schon mit Urban Gardening, aber nur in kleinen Nischen und ganz unstrategisch. Das müsste man professionalisieren und ausweiten. Die Stadt Wien alleine hat 2.000 Hektar landwirtschaftliche Fläche, davon 1.000 Hektar Biolandwirtschaft, und ist damit einer der größten Biolebensmittelproduzenten in Österreich.

Günter Mohr Mein Anliegen ist ein Verkehrsprojekt: Einen Teil eines Bezirks verkehrsfrei machen, ein paar Straßenzüge, ein ganzes Quartier ohne Autos. Das wäre ein Referenzprojekt, wenn man das dadurch freigewordene Geld anders nützen kann. Man würde sehen, wie schön das sein kann, wenn beispielsweise der 9. Bezirk ohne Autos auskommt.

Theresa Häfele, miss_vdr architektur Ich fände es auch wichtig, dass wir anders wahrgenommen werden. Wir werden immer gefragt, wie seht ihr euch als Frauen in der Architektur, aber wir wollen das Feld weiter spannen. Es gibt eine Vielfalt an differenzierten Wünschen, an Anforderungen verschiedener Gruppen, wir sind nicht nur Frauen. Die Politik und die Gesellschaft müssen von den tradierten Rollenbildern wegkommen. Das wäre eine Chance für die jüngere Generation, und dafür können wir einen Beitrag leisten.

potential is, committed people who can offer high quality on small building projects. Small things are also important.

Rupert Halbartschlager, bauchplan).(Small things are more interesting in everyday life, e.g. the many small parks. Whereas the large scale determines structure, the small scale constitutes the atmosphere.

If you could choose one project in Vienna, what would you propose to city leaders?

Katharina Bayer, einszueins architektur We would like a district development project; a large, cooperative, collectively developed project like »Wohnen morgen« in Zurich. With Baugruppen and diverse urban planning, which would mean a dimensional leap in vibrancy.

Julia Nuler, miss_vdr architektur We want to implement a project on education and public space: a vision that education not only happens in the institution of school, but also in everyday life.

Theresa Häfele, miss_vdr architektur We want a city for all people. The city should reflect the different needs of its inhabitants. Currently, we see potential in the full-time school model, which demands new concepts of space beyond the classroom. It is about movement, living space, and the necessity to integrate free space, to open up the concept of school. In this case as well, we rely on a stakeholder process: democratic school development can bring new learning spaces that double as living spaces.

Rupert Halbartschlager, bauchplan).(For us, two things would be interesting: first, we just moved our office to Atzgersdorf, and we would like to involve ourselves as urban planners here. It is an incredibly interesting part of Vienna, with an enormous potential for use and many vacant lots. And secondly, we want to redesign Schwedenplatz.

Marie-Theres Okresek, bauchplan).(And thirdly: to develop a food map for Vienna; examine how Vienna feeds itself, how it wants to feed itself, how to shift anonymous food production to make it tangible.

Rupert Halbartschlager, bauchplan).(This is our urban vision: to bring food back to the city! To some extent, this is already happening through urban gardening, but only in small niches and without a strategic plan. It needs to be expanded and professionalized. The City of Vienna alone owns 2,000 hectares of agricultural land, of which 1,000 hectares are farmed organically, making it one of the largest organic food producers in Austria.

Günter Mohr My aim is a traffic project: to make part of a district traffic-free. A few streets, a whole neighbourhood without cars. This would be a reference project. You could use the funds it would release for other tasks. One would see how nice it could be if, for example, the 9th district got by without cars.

Theresa Häfele, miss_vdr architektur I would also find it important to be seen in a different light. We are always asked how we see ourselves as women in architecture, but we want to expand the field. There is a range of diverse wishes and needs of different groups. It's not just about women. Politics and society need to move away from traditional role images. This would be an opportunity for the younger generation and a way for us to contribute.

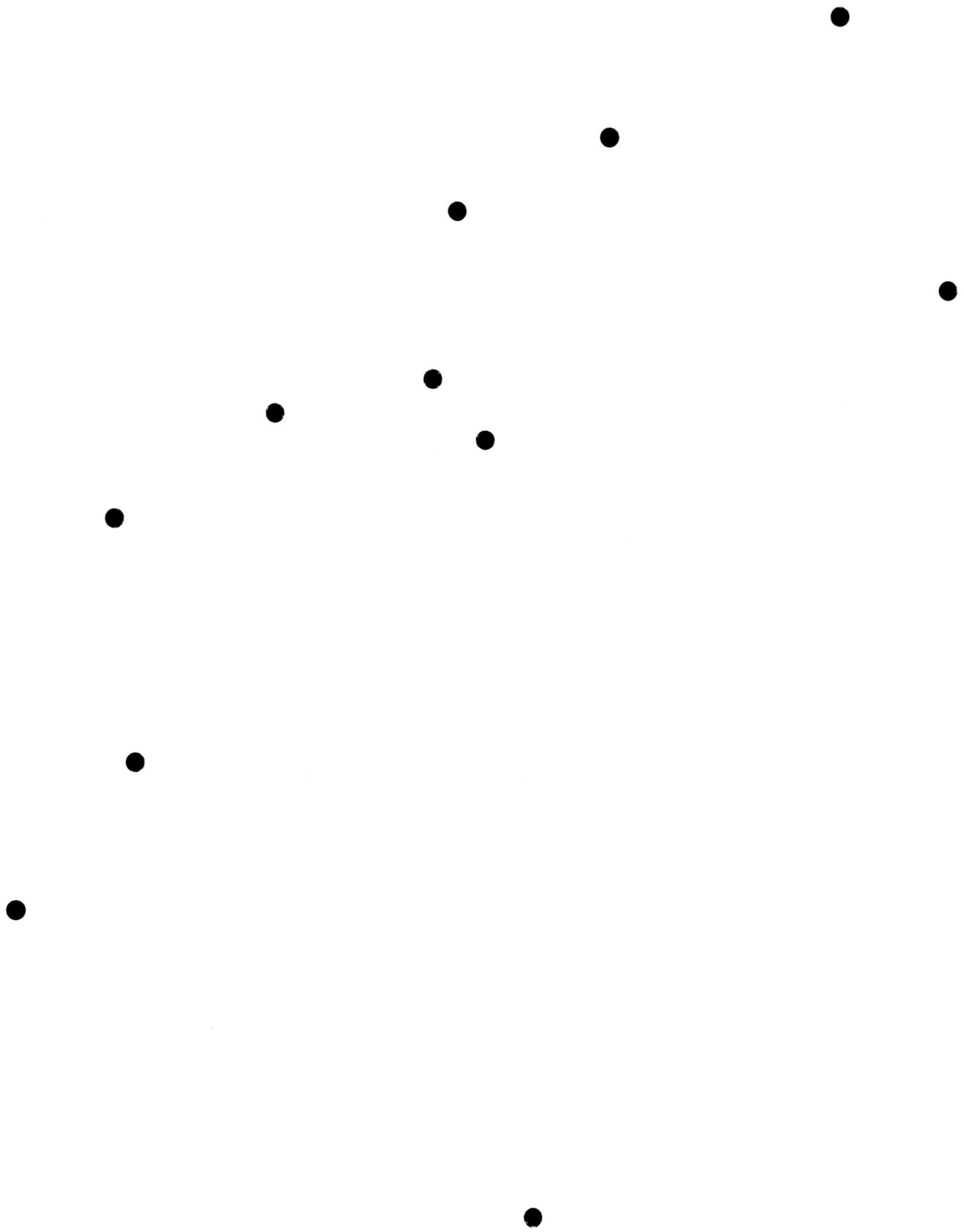

bauchplan).(

bauchplan).(

bauchplan).(ist freies Netzwerk
und eingetragene GbR.
Die Gründung erfolgte 2001 in
München, seit 2004 existiert ein
Knoten in Wien. Im Kooperativ
agieren aktuell bis zu zwölf Spezia-
listen aus Städtebau, Architektur,
Landschaftsarchitektur und
-planung, Ökologie, Soziologie,
Statik und Kunst.
Die Köpfe von bauchplan).(
studierten Landschaftsarchitektur an der TU München sowie
Philosophie in Wien. Wir sind als
Landschaftsarchitekten und Stadt-
planer Mitglieder der Bayerischen
Architektenkammer.
Wir wurden mit dem Förderpreis
der Bayerischen Akademie der
Schönen Künste ausgezeichnet,
sind Mitglied der Jungen Akademie der Künste in Berlin, erhielten
das Margarete-Schütte-Lihotzky-
Stipendium und sind Schinkel-
preisträger der Jury.
Wir engagieren uns in der Lehre,
das Pendeln zwischen entwerfen-
dem Forschen und forschendem
Entwerfen ist Grundprinzip unserer
Arbeit.

bauchplan).(is an open network
and a registered civil law organisation. It was founded 2001 in
Munich, and has had a hub in
Vienna since 2004. Currently, up
to twelve specialists collaborate
on urban planning, architecture,
landscape architecture and design,
ecology, sociology, structural
engineering, and art projects.
The directors of bauchplan).(
studied landscape architecture
at the TU Munich and philosophy
in Vienna. Landscape architects
and urban planners, we are a
member of the Bavarian Chamber
of Architects.
We were awarded a scholarship
prize from the Bavarian Academy
of Fine Arts, are members of
the Young Academy of Arts in
Berlin, received the Margarete
Schütte-Lihotzky scholarship, and
the Schinkel Jury Award.
We are active in teaching, and
transferring between creative
research and researched creation
is the basic principle of our work.

www.bauchplan.net

Studio Wien
Endresstraße 18, 1230 Wien

Werkstatt München
Severinstraße 5, 81541 München

+43 (0)1 929 1333

studio@bauchplan.at

im transdisziplinären kollektiv arbeiten wir an der schnittstelle zwischen raum und gesellschaft. wir entwickeln vielschichtig angereicherte möglichkeiträume für menschen. offenen gestaltungsprozessen nähern wir uns prototypisch als inter-pretationsvorgang eines konkreten ortes.

wir verstehen uns als mediatoren zwischen raum und gesellschaft in unterschied-lichsten maßstabsebenen. unser anspruch des spezifischen, transdisziplinären und hybriden entwerfens erfordert die kombi-nation der möglichen mittel. partizipative stadterkundungen nutzen wir als analyse-werkzeug. über analogen und digitalen modellbau verfeinern wir unsere entwurfs-gedanken. den münchner netzwerkknoten nutzen wir als experimentelle werkstatt, das wiener studio ergänzt das handwerkliche spektrum um innovative entwicklung und entwerfendes forschen. gemeinsam agieren wir als thinktank für unsere auftraggeber, der erdachte (frei-)räume bis zur übergabe an die nutzer und darüber hinaus begleitet.

we work as a transdisciplinary collective at the interface between space and society. we develop multi-faceted, enriched spaces for opportunity. open design processes bring us prototypically closer to a process of interpretation for a specific location.

we see ourselves as mediators between space and society on multiple scales. our claim to specific, transdisciplinary, and hybrid design requires the combi-nation of all possible mediums. we use participatory urban exploration as an analytical tool. we refine our design ideas through the analog and digital con-struction of models. we use the munich network hub as an experimental work-shop and the viennese studio to supple-ment craftsmanship with innovative development and creative research. together, we act as a think-tank for our clients, accompanying our spaces from conception up to being passed on to the user, and beyond.

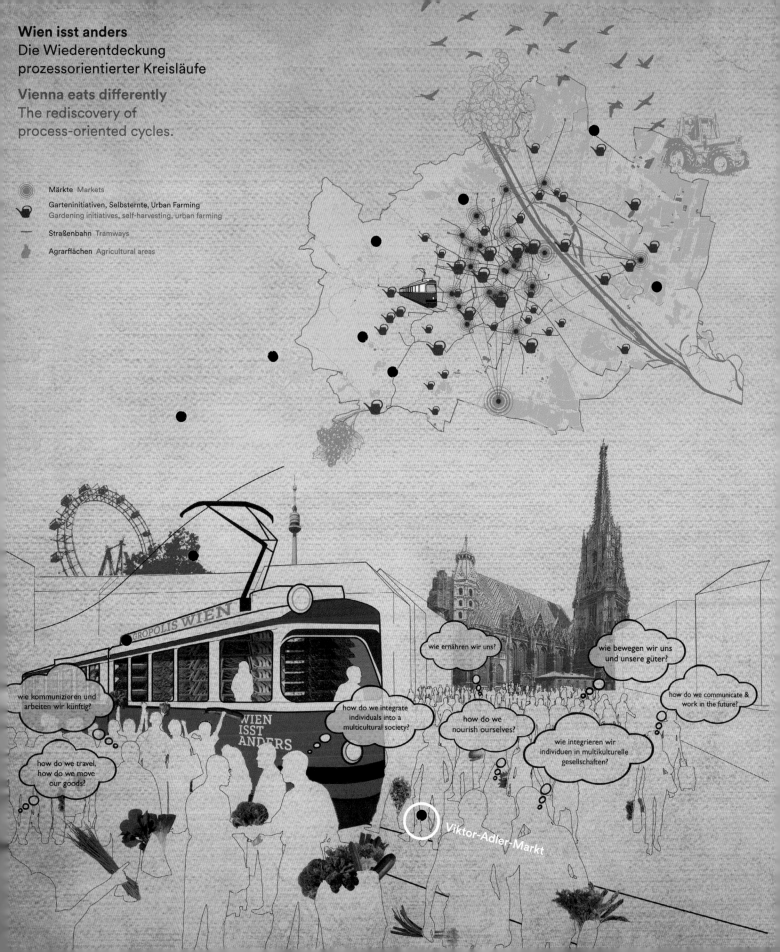

Grenze als Ort. Brücke als Gelenk
Sanierung der Murbrücke zwischen Bad Radkersburg (A) und Gornja Radgona (SLO) 2008–2012
Spätestens mit dem Fall der Schengengrenze zwischen Österreich und Slowenien wurden die Grenzsicherungseinrichtungen obsolet. Die Brücke wird Ort der Begegnung. Die ehemals zusammengehörigen Stadtteile werden wieder fußläufig verbunden und mit einem hohen Maß an Identität und Lebensqualitäten für Bewohner und Besucher gestärkt. Die Gehwegbereiche auf den Randbalken weiten sich zu Balkonen bzw. Kanzeln über dem Fluss. Der ehemalige Grenzfluss Mur erhält beiderseits Zugänge mit Plattformen am Wasser. Die Brücke zeigt sich in einem neuen, wandlungsfähigen Kleid: In einem Stahlnetz eingearbeitete Rondellen aus semitransparentem Kunststoff bewegen sich im Wind und zeichnen changierende Schattenwürfe auf die Betonoberfläche. Nachts spannen im Geländerholm integrierte LED-Schienen einen horizontalen Lichtbogen über den Fluss. Das veredelte Ingenieurbauwerk repräsentiert als eigenständiger, wandlungsfähiger Ort das Zusammenwachsen der beiden Nachbargemeinden.

Kooperation: michellerundschalk (München), Wörle Sparowitz Ingenieure (Graz)

A border becomes a place. A bridge becomes a connection.
Renovation of the Mur Bridge between Bad Radkersburg (A) and Gornja Radgona (SLO) 2008–2012
Border security facilities between Austria and Slovenia became obsolete with the fall of the Schengen border. The bridge became a meeting place. The formerly joined halves of the city are now back together, only a few footsteps apart, and are strengthened by a high degree of identity and increased quality of life for residents and visitors. The walkway areas along the edge beams widen periodically to form balconies or pulpits overlooking the river. Platforms access the water on either side of the Mur, a former border river. The bridge is displayed in a new, versatile dress: Spirals made of semi-transparent plastic incorporated in a steel mesh move in the wind, drawing iridescent shadows on the concrete surface. At night, LED strips in the guardrail span a horizontal arc across the river. An autonomous and versatile place, the finely engineered structure represents the merging of two neighboring communities.

Collaboration: michellerundschalk (Munich), Wörle Sparowitz Ingenieure (Graz)

Neue Meile Böblingen
Umbau Bahnhofstraße Böblingen (D)
zur Fußgängerzone im Beteiligungs-
verfahren (seit 2013)
Die Bahnhofstraße in Böblingen erscheint in neuem Licht. Als öffentlicher
Fußgänger-Boulevard in einer vormals
als autogerecht konzipierten Innenstadt
bildet die neue Meile das Rückgrat der
öffentlichen Räume Böblingens. Die
Raumorganisation leitet eine eigenständige, wandlungsfähige Choreografie
aus der Dialektik des schnellen Durch-
querens und des gemütlichen Flanierens
ab. Angeboten wird eine eigenständige,
atmosphärisch intensive Identität aus
dem von Fassade zu Fassade spannenden Natursteinbodenbelag und der
modularen Möblierung. Den abgehäng-
ten, selbstglimmenden Ringleuchten
kommt sowohl in der Tag- als auch
in der Nachtwirkung entscheidende
Bedeutung zu. Der Elbenplatz wird als
einer der verkehrsreichsten Plätze der
Böblinger Innenstadt als Fenster zur
Altstadt neu interpretiert: Ein Fontänen-
feld interagiert mit dem Verkehrsfluss
und überlagert diesen visuell wie
akustisch. Der ehemalige Kreuzungs-
bereich erhält Aufenthalts- und
Treffpunktqualitäten, ein eigenständiges
Erlebniskonzept bis in die Altstadt.

Kooperation: Lumen³ Lichtplanung

Böblingen New Mile
Redesign of the Böblingen Bahnhofstraße (D) to a pedestrian zone through
a participatory process, Started in 2013
A new light is shining in the Böblingen
Bahnhofstraße . A public pedestrian
boulevard in a previously car-centric
old town, the new street now forms the
backbone of public space in Böblingen.
The spatial organization directs an
independent, versatile choreography
from the dialectic of speedy traversing
and relaxed strolling. An independent,
atmospherically intense identity is
created by the natural stone flooring
and modular furniture that spans from
façade to façade. The suspended
fluorescent ring-lights play a crucial role
both during the day and at night. Elbenplatz, one of the busiest traffic sites of
Böblingen, has been newly interpreted
as the window to the old town district.
A field of fountains interacts with the
flow of traffic, smoothing it both visually
and acoustically. The former crossing
area now has places to meet and linger,
creating an autonomous experience
concept that stretches right into the
Altstadt.

Collaboration: Lumen³ Lichtplanung

115

Rast- und Infoobjekt
Möblierung für den Radweg entlang
des Alpen-Karpaten-Korridors (A, 2012)
Der Ostrand der Alpen sowie die
Westausläufer der Kleinen Karpaten
prägen den Landschaftsraum durch
ihr identitätstiftendes Panorama.
Die Infopunkte übernehmen eine
Kulissenwirkung als Imageträger und
zeugen von einer übergeordneten Zu-
sammengehörigkeit. Die Formgebung
lehnt sich an die Kulissen beider
Gebirgsformationen an. Der komplexe
Körper erinnert in der Fernwirkung
an einen monolithischen Findling. Bei
Annäherung an das Objekt erschließt
sich eine unerwartete Vielschichtig-

keit: Das Objekt ist drehbar, neben
Wind- und Wetterschutz bietet es
je nach Ausrichtung inszenierte
Landschaftsblicke. Es dient als
Träger der Corporate Identity des
Alpen-Karpaten-Korridors, Wild-
tiersilhouetten werden an der Außen-
wand angebracht. Die Drehbarkeit
ermöglicht unterschiedliche Lesarten
des Ortes: Zueinander gewandt
wird der Infopunkt als Kommunika-
tionsraum erfahrbar, voneinander
abgewandt ermöglicht er individuelles,
kontemplatives Naturerlebnis. Eine
Tafel im Inneren informiert über Route
und Region.

Kooperation: Tourismusdesign

Rest and Info Point
Furniture for the bike path along the
Alpine-Carpathian Corridor (A, 2012)
The eastern edge of the Alps and the
western foothills of the Little Carpa-
thians characterize the landscape with
their distinctive panorama. The info
points provide a backdrop effect to
these figureheads, witnesses of a supe-
rior togetherness. The design shapes
are inspired by the background of the
two mountain ranges. From afar, the
complex structure resembles a mono-
lithic boulder. As one gets closer, unexpected complexity becomes apparent:
The structure can be rotated, and in
addition to wind and weather

protection, it also provides a different
view of the countryside with each
new direction it faces. It underlines
the identity of the Alpine-Carpathian
Corridor, with silhouettes of wild
animals attached to the outer wall. The
structure's rotation allows a variety of
different perspectives in one location:
Facing each other, the info points can
be experienced as a communication
space, facing away from each other,
they enable a personal and contem-
plative nature experience. A plaque
on the inside provides information on
routes and the region.

Collaboration: Tourismusdesign

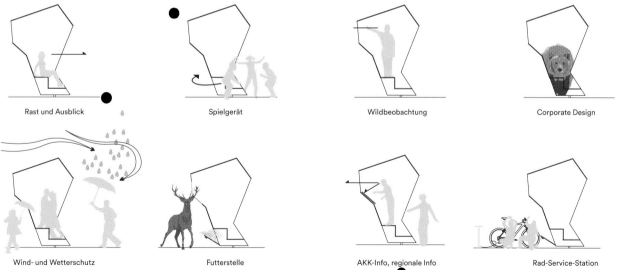

Rast und Ausblick

Spielgerät

Wildbeobachtung

Corporate Design

Wind- und Wetterschutz

Futterstelle

AKK-Info, regionale Info

Rad-Service-Station

einszueins architektur

DI Katharina Bayer

*1975 in Wien
1993–2001 Studium der Architektur an der TU Wien und TU Delft/Niederlande, seit 2006 gemeinsam mit Markus Zilker Geschäftsführerin von einszueins architektur, 2008–2012 externe Lehrbeauftragte an der TU Wien, seit 2008 Vorstandsmitglied der IG-Architektur

Born 1975 in Vienna.
1993–2001 studied architecture at the TU Wien and the Technical University of Delft, Netherlands, 2006–present CEO of einszueins architektur, together with Markus Zilker, 2008–2012 external lecturer at the TU Wien, 2008–present Member of the Board at IG-Architektur

DI Markus Zilker

*1975 in Wien
1994–2002 Studium der Architektur an der TU Wien und ETSA Sevilla/Spanien, seit 2006 gemeinsam mit Katharina Bayer Geschäftsführer von einszueins architektur, Lehrtätigkeit bei Nimmerrichter. Kurse: Entwurf für angehende Baumeister, seit 2010 Mitglied der Initiative für gemeinschaftliches Bauen und Wohnen

Born 1975 in Vienna.
1994–2002 studied architecture at the TU Wien and ETSA in Seville, Spain, 2006–present CEO of einszueins architektur, together with Katharina Bayer, Teaching position at Nimmerrichter Kurse in Design for Future Master Builders 2010–present Member of the Initiative für gemeinschaftliches Bauen und Wohnen (Initiative for Community Building and Housing)

Auszeichnungen
Awards

Umweltpreis der Stadt Wien 2012, Staatspreis für Architektur und Nachhaltigkeit 2014, Nominierung zum European Union Prize for Contemporary Architecture Mies van der Rohe Award 2015

City of Vienna Environmental Award 2012, State Prize for Architecture and Sustainability 2014, nomination for the European Union Prize for Contemporary Architecture – Mies van der Rohe Award 2015.

www.einszueins.at
Krakauerstraße 19/2
1020 Wien
+43 (0)1 961 9351
office@einszueins.at

einszueins architektur wurde von Markus Zilker und Katharina Bayer gegründet. Das Team besteht aus zwei GesellschafterInnen und fünf bis sechs MitarbeiterInnen und wird projektbezogen durch interdisziplinäre und internationale Kooperationen verstärkt. Teamarbeit ist auch unser Mittagstisch, seit 2014 arbeiten und kochen wir im Wohnprojekt Wien.

Der Schwerpunkt unserer Arbeit liegt im Wohnbau unterschiedlicher Maßstäbe. Wohnbau als sozial- und stadtprägende Aufgabe ist Ausgangspunkt für unsere Architekturarbeit an der Nahtstelle zu Mensch und Stadt. Die Spezialisierung auf Baugruppen, Partizipation und kooperative Stadtplanung verbindet unsere Erfahrungen, Interessen und Stärken. Unsere Kernkompetenz ist kooperative Planung, eine strukturierte Auseinandersetzung mit Projektabläufen, Prozessdesign und Kommunikation sowie der intensive Dialog mit AuftraggeberInnen und NutzerInnen. Die frühzeitige Einbindung aller Beteiligten ist Grundlage für ganzheitliche Konzepte und eine nachhaltige, integrative Architektur.

einszueins architektur was founded by Markus Zilker and Katharina Bayer. The team consists of two partners and five to six employees and its projects are strengthened by interdisciplinary and international collaboration. Teamwork also extends to our lunch table; we have been working and cooking together in the Wohnprojekt Wien since 2014.

The focus of our work lies in residential construction on various scales. We see residential construction as an undertaking that characterizes society and the city, and this is the starting point for our architectural at the interface between people and their city. Our specialization on Baugruppen, participation, and collaborative planning is a result of the of our combined experiences, interests, and strengths. Our core competencies are collaborative planning, structured development of project processes, process design and communication, and intensive dialogue with both client and users. Early involvement of all parties is the basis for our holistic concepts and sustainable, integrative architecture.

Glück wird mehr, wenn man es teilt!
Happiness grows when you share it!

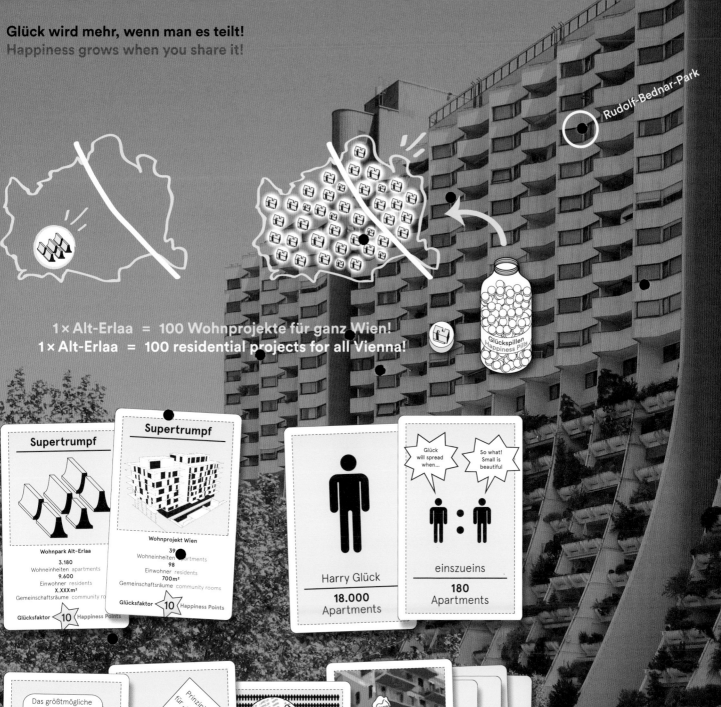

Rudolf-Bednar-Park

1× Alt-Erlaa = 100 Wohnprojekte für ganz Wien!
1× Alt-Erlaa = 100 residential projects for all Vienna!

Glückspillen
Happiness Pills

Supertrumpf

Wohnpark Alt-Erlaa
3.180
Wohneinheiten apartments
9.600
Einwohner residents
X.XXX m²
Gemeinschaftsräume community rooms

Glücksfaktor 10 Happiness Points

Supertrumpf

Wohnprojekt Wien
39
Wohneinheiten apartments
98
Einwohner residents
700 m²
Gemeinschaftsräume community rooms

Glücksfaktor 10 Happiness Points

Harry Glück
18.000
Apartments

Glück will spread when...   So what! Small is beautiful

einszueins
180
Apartments

Das größtmögliche Glück für die größtmögliche Zahl

Für Harry Glück war sein Name Programm, er forderte:
»Das größtmögliche Glück für die größtmögliche Zahl!«

For Harry Glück, his name — which means ›happiness‹ or ›good luck‹ in German — was his credo. He called for:
»The highest level of happiness for the greatest number of people!«

Prinzipien für "glücklich" Wohnen

Alt-Erlaa plante er nach den Prinzipien: Naturbezug, Kommunikation, Mobilität, Luxus für alle!

He planned Alt-Erlaa according to the principles of: connection with nature, communication, mobility, luxury for all!

Der Erfolg gibt ihm Recht. Die BewohnerInnen von Alt-Erlaa sind glücklich! Auch die BewohnerInnen vom Wohnprojekt sind glücklich.

His success has proved him right. The residents of Alt-Erlaa are happy! The residents of Wohnprojekt Wien are also happy!

Auch sie leben:
They, too, live:

Gemeinschaft Community
Kommunikation Communication
Nachhaltigkeit Sustainability
Solidarität Solidarity

Das gute Leben! The good life!

Stiegenhaus
Wohnungstüren, die Lage der Stiege
und der Lufträume sind je nach
planerischer Erfordernis frei anordenbar

Wohnungstrennwände
Leichtbau, nicht tragend, je nach
Wohnungsgröße frei anordenbar
und später umbaubar

Fassade
Wandscheibe und raumhohe Fenster-
elemente bis max. 2,6 m breit,
ca. 37% Verglasungsanteil, im Rahmen der
statischen Vorgaben frei anordenbar

Balkone
Betonfertigteile, 2 m Tiefe, an der Fassade
frei anordenbar, Länge bis max. ²/₃ der
Fassadenlänge, straßenseitig ohne Begrenzung

Wohnprojekt Wien
Die Baugruppe am Nordbahnhof für
nachhaltiges Leben in der Stadt.
Unter dem Arbeitstitel »Wohnen mit
uns!« entstand direkt am Rudolf-
Bednar-Park ein Wohnheim mit 40
Wohneinheiten. Im Zentrum des
Projekts: eine selbst verwaltete Gemeinschaft und die Idee, Nachhaltigkeit
weiter zu denken und zu leben. Das
Projekt bringt verschiedene Generationen, Sprachen, Kulturen und Berufe
unter einem Dach zusammen.
Das Wohnprojekt Wien ist ein Modell-
vorhaben für eine neue Art zu leben
in Wien: herzlich, jenseits von Dogmen,
offen für Neues.

Links: Das Wohnprojekt für nachhaltiges Leben wurde von Grund auf mit den
zukünftigen BewohnerInnen entwickelt.

Rechts: flexibles System für partizipative Planung. Wohnungstrennwände,
Stiegenhaus, Fassade, Balkone.

Wohnprojekt Wien
The Baugruppe at Nordbahnhof –
for Sustainable Urban Living.
A residential establishment with forty
units was constructed on Bednar Park
under the working title, »Live with us!«
The core of the project: a self-govern-
ing community and the idea of taking
sustainable thinking and living a step
further. The project brings different
generations, languages, cultures, and
professions together under one roof.
The Vienna Living Project is a model
project for a new way of life in Vienna:
Welcoming, beyond dogma, and open
to new ideas.

Left: The housing project for sustainable
living was developed together with
future occupants, from the ground up.

Right: A flexible system for participatory planning. Partition walls, staircase,
façade, balconies.

Links: Das Dachgeschoß ist die
Ruhezone der Gemeinschaft.
Oben: gemeinschaftliche Bibliothek
Unten: Sauna mit Saunaterrasse

Rechts: Lufträume und Blickbeziehun-
gen fördern Kommunikation.
Umfassende Gemeinschaftsräume
in EG, UG und DG sind das Herzstück
des Hauses.
Oben: Gemeinschaftsküche im
Erdgeschoß
Unten: Veranstaltungssaal mit
vorgelagertem Hof

Left: The attic floor is the community's
relaxation zone.
Above: Community library.
Bottom: Sauna with terrace.

Right: Open spaces and visual
relationships promote communication.
Extensive community areas on the first
floor, basement, and top floor are the
heart of the house.
Above: Shared kitchen on the
ground floor
Bottom: Events room with courtyard

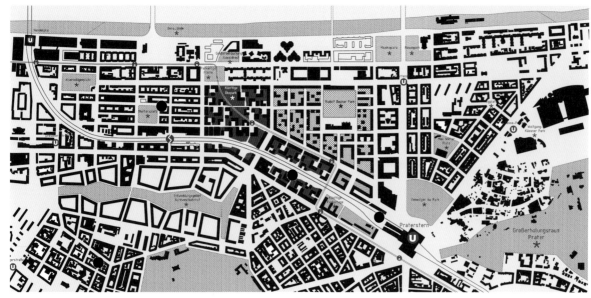

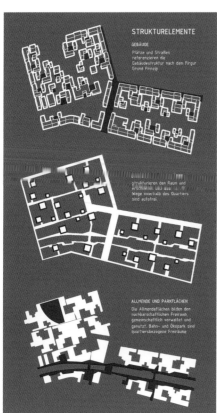

STRUKTURELEMENTE

GEBÄUDE
Plätze und Straßen
referenzieren die
Gebäudestruktur nach dem Figur
Grund Prinzip

strukturieren den Raum und
erschließen das aus. Wege innerhalb des Quartiers
sind autofrei.

ALLMENDE UND PARKFLÄCHEN
Die Allmendeflächen bilden den
nachbarschaftlichen Freiraum,
gemeinschaftlich verwaltet und
genutzt. Bahn- und Ökopark sind
quartiersbezogene Freiräume

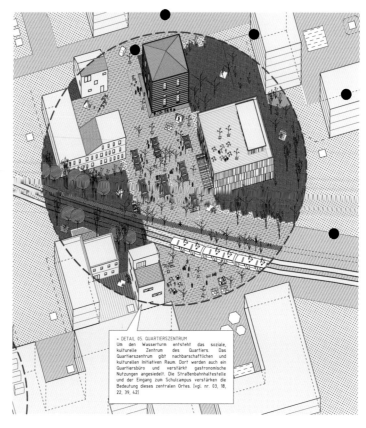

> DETAIL 05. QUARTIERSZENTRUM
Um den Wasserturm entsteht das soziale,
kulturelle Zentrum des Quartiers. Das
Quartierszentrum gibt nachbarschaftlichen und
kulturellen Initiativen Raum. Dort werden auch ein
Quartiersbüro und verstärkt gastronomische
Nutzungen angesiedelt. Die Straßenbahnhaltestelle
und der Eingang zum Schulcampus verstärken die
Bedeutung dieses zentralen Ortes. [vgl. nr. 03, 18,
22, 39, 42]

Common Uncommon
Städtebaulicher Ideenwettbewerb
Nordbahnhof, Wien (2012), in Koopera-
tion mit ABP Arquitectos, Madrid.
Im Zentrum unseres Projekts steht
die Frage: Wie entsteht lebendige
Stadt? Dafür erfinden wir Stadt
nicht neu. Stadt weiterbauen heißt
vielmehr, Bestehendes mit neuen
Augen sehen und Gebräuchliches neu
in Bezug setzen. Das Projekt stellt das
Gemeinsame in den Vordergrund und
ist Ausgangspunkt für eine kooperative
Entwicklung der Stadt im Dialog.

Unten links: städtebauliche Elemente
Unten rechts: Detail Stadtraumtypen
Common Uncommon: Autofreie Zonen
als Grundlage für die Neuordnung
stadträumlicher Bezüge

Common Uncommon
Nordbahnhof Urban Design Competition, Vienna (2012), a collaboration with
ABP Arquitectos, Madrid.
Our project focuses on a question:
How is a dynamic city born? We don't
have to re-invent the city to find the an-
swer. Developing a city means looking
at that which is already there in a
different way, and putting the ordinary
into a new context. The project puts
community in the foreground and
is the starting point for a cooperative
development of a city in dialogue.

Bottom left: Urban elements.
Bottom right: Detail of urban
space types.
Common Uncommon: Car-free
zones as the basis for reorganizing
urban spatial relationships.

Seestern Aspern, Wien (2015)
Die Baugruppe für kreative Menschen jeden Alters in der Seestadt Aspern. Erstmals in Wien entstehen am Baufeld D 13 fünf Baugruppen in unmittelbarerer Nachbarschaft um einen gemeinsamen grünen Hof. Eine davon ist der Seestern. Gemeinsam mit den zukünftigen BewohnerInnen planten wir ein offenes, lebendiges Haus mit 28 Wohneinheiten, zahlreichen Gemeinschaftsräumen und einem Coworking Space.

Seestern Aspern, Vienna (2015)
The Baugruppe for creative people of all ages in Aspern Urban Lakeside For the first time in Vienna, five Baugruppen are building in one place, at the D 13 construction lot, creating a community around a shared green courtyard. One of these buildings is the Seestern. Together with the future occupants, we have planned an open and lively house with 28 residential units, numerous common areas, and a co-working space.

miss_vdr architektur

Theresa Häfele

*1980; Akademie der bildenden Künste Wien und Universidad Católica, Santiago de Chile. 1. Preis Roland-Rainer-Wettbewerb. Pfann-Ohmann Preis, Gründungsmitglied Kollektiv Zirkus.

Born 1980; Academy of Fine Arts Vienna and Universidad Católica, Santiago de Chile; 1st Prize winner of the Roland-Rainer Competition; Pfann-Ohmann Prize, founding member Kollektiv Zirkus.

Julia Nuler

*1981; Akademie der bildenden Künste Wien und Royal Danish Academy of Fine Arts, Kopenhagen. Mitglied von quadranglehousing. 1. Preis Roland-Rainer-Wettbewerb. Meisterschulpreis.

Born 1981; Academy of Fine Arts Vienna and the Royal Danish Academy of Fine Arts, Copenhagen; member of quadranglehousing; 1st Prize winner of the Roland Rainer Competition; Meisterschule Award.

Matthäa Ritter

*1983; Akademie der bildenden Künste Wien und Universität der Künste Berlin. Lehrtätigkeit an der Akademie der bildenden Künste. STARTstipendium. Vorstandsmitglied IG-Architektur, Gründungsmitglied Kollektiv Zirkus.

Born 1983; Academy of Fine Arts Vienna and Berlin University of Arts; teaching position at the Academy of Fine Arts; START grant receiver; Board Member of IG-Architektur, founding member Kollektiv Zirkus.

2011 **Gründung** Kollektiv Zirkus als Plattform für multidisziplinäre Zusammenarbeit und Vernetzung. Baunetz Shortlist 2015: »Neue Sterne am Architektenhimmel, von denen wir in Zukunft noch hören werden«; Callwey Verlag, Häuser des Jahres 2014.

Founded the Kollektiv Zirkus in 2011 as a platform for multidisciplinary collaboration and networking. Baunetz shortlist 2015: »New stars in the architectural sky, from whom we shall hear more of in the future«; Callwey Verlag, Häuser des Jahres 2014.

www.miss-vdr.at
Zirkusgasse 31
1020 Wien
+43 (0)1 968 12 76
office@miss-vdr.at

miss_vdr architektur setzt in der Architektur Schwerpunkte, die auch ihrer inneren Überzeugung entsprechen. Ihre Ambitionen gelten sowohl sozialer wie auch ökologischer Nachhaltigkeit, sozialpolitischer Fairness und Lebensqualität. Es wird für »die Menschen« im inklusiven Sinne geplant und gebaut.

2010 haben sich die Büroinhaberinnen entschlossen, ihre Energien zu bündeln und gemeinsam miss_vdr architektur zu werden: »Wir suchen für jeden Ort genau die Lösung, die zu den Gegebenheiten und Anforderungen passt. Dabei sollen ungenutzte Potenziale aktiviert und eigenständige Wege beschritten werden. Wir versuchen, zum wesentlichen Kern einer Sache vorzudringen, ohne dabei eine ganzheitliche Betrachtung zu verlieren. Somit bleiben wir für neue Perspektiven und alternative Nutzungsmuster offen. Zusammenarbeit und Kommunikation untereinander und mit SpezialistInnen ist uns wichtig. Dabei sehen wir die NutzerInnen ebenso als ExpertInnen wie ProjektpartnerInnen und ProfessionistInnen.«

miss_vdr architektur emphasizes architecture that corresponds to their inner convictions. Our ambitions are based on social and environmental sustainability, sociopolitical fairness, and a high quality of life. We design and build for »the people« in a wholly inclusive sense.

In 2010, the company owners decided to join forces to become miss_vdr architektur: »We look for exact solutions that fit the circumstances and requirements of each individual site. We aim to release untapped potential and go down self-determined paths. We try to push through to the essential core of a subject, without losing sight of our chosen holistic approach. This keeps us open to new perspectives and alternative patterns of use. Cooperation and communication both within the group and with outside specialists is important to us. We see end users as experts, as project partners, and as professionals.«

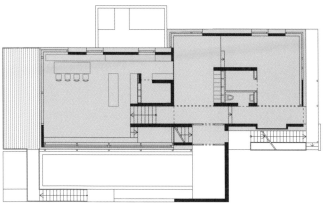

SullnerHausVorarlberg
Das fließende Raumkonzept arbeitet
mit Faltwänden für verschiedene
Raumfunktionen, während Haustechnik
und Nebenräume in Stahlbetonkernen
gebündelt sind. Alle Oberflächen
sind naturbelassen – der metallische
Baukörper ist der Verwitterung aus-
gesetzt und fügt sich in schimmernder
Leichtigkeit in die Umgebung ein.

SullnerHausVorarlberg
The fluid space concept works with
folding walls to achieve a variety of
room functions, while the building
systems and ancillary rooms are
bundled in reinforced concrete cores.
All surfaces are natural – the metallic
structure is exposed to weathering and
harmonizes with the environment with
shining ease.

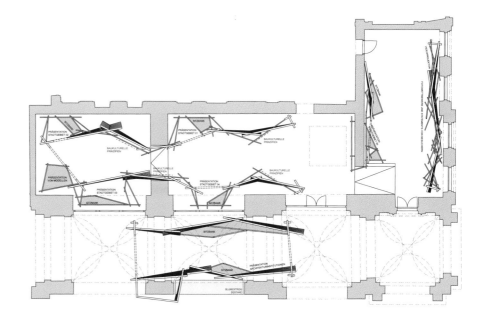

BauKulturWien
Die Ausstellung präsentiert die
baukulturellen Leitsätze des Wiener
Gemeinderats und weckt mit
einer Raumskulptur die Neugier des
Publikums. Gestapelte Hölzer bilden
Nischen, Podeste und Sitzflächen für
die Bespielung mit Inhalten.

In Kooperation mit heri&salli,
Grafik: zunder zwo

BauKulturWien
The exhibition presents the building
culture principles of the Vienna
City Council, awakening the curiosity
of the audience with a spatial sculpture. Stacks of wood create niches,
pedestals, and seating areas filled with
the exhibits.

In collaboration with heri&salli.
Graphic design by zunder zwo.

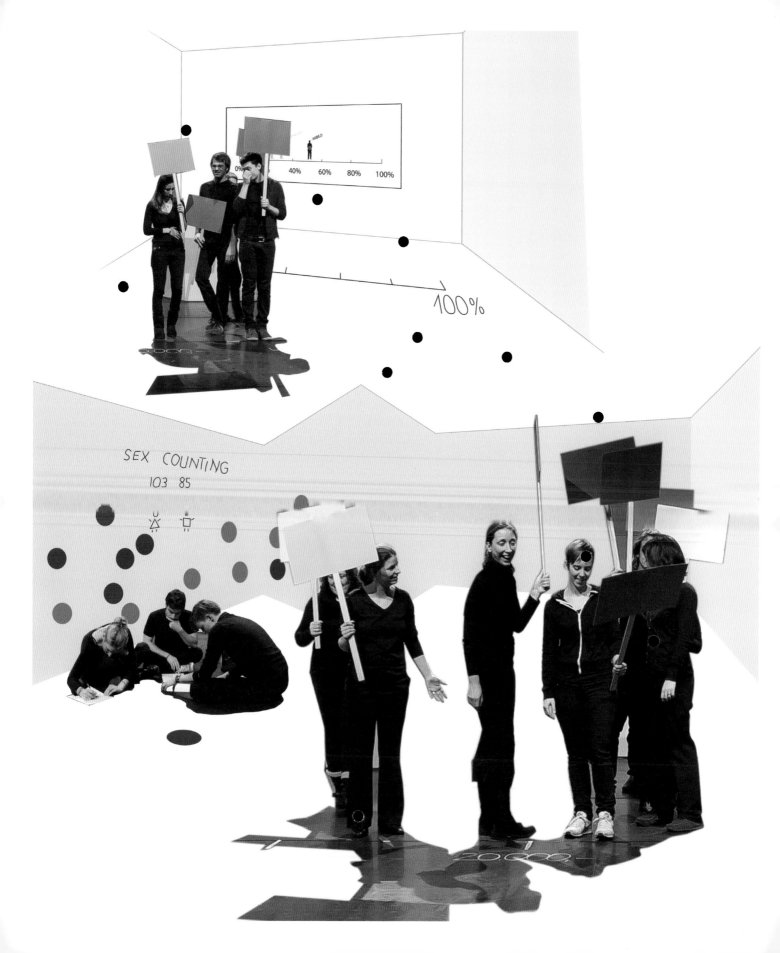

Bewegte Daten –
Arbeit. Leistung. Verteilung
Das Experiment verbildlicht statistische
Werte und schafft Raum für Meinung.
TeilnehmerInnen positionieren sich
nach Erwartungshaltung, statistischer
Realität und persönlicher Wunsch-
vorstellung frei im Raum, interagieren
und verhandeln. Die kollektive Neufor-
mierung macht Lust auf Veränderung.

www.youtube.com/
watch?v=Hv0nS-FmXeQ

In Kooperation mit zunder zwo

Moving Data –
Work. Performance. Distribution
The experiment depicts statistical
values and creates space for opinion.
Participants position themselves
freely within the room, interacting
and negotiating according to their
expectations, statistical realities, and
personal wishes. The collective refor-
mation is an inspiration to change.

www.youtube.com/
watch?v=Hv0nS-FmXeQ

In collaboration with zunder zwo

Günter Mohr

*1972 Dornbirn, Studium der
Architektur an der TU Graz,
Royal Danish Academy of Fine Arts
– Schools of Architecture,
Kopenhagen

Born 1972 in Dornbirn.
Studied architecture at the
Technical University of Graz and
the Royal Danish Academy of
Fine Arts – School of Architecture,
Copenhagen.

Mitarbeiter
Employees

Sonja Blab, Markus Böck,
Peter Hundt

www.mohr-architekt.at

Mollardgasse 85a/III/140
1060 Wien
+43 (0)1 236 70 68
gm@mohr-architekt.at

Architektur ist für uns die Möglichkeit, an konkreten Orten konkrete Lebenswelten zu verändern und an Bestehendem weiterzuarbeiten. Die Reaktion auf Vorgefundenes empfinden wir dabei nicht als Einschränkung, sondern sie setzt einen dialogischen Vorgang in Bewegung, der Grundlage jedes Entwurfs ist.

Die Umgebung bestimmt den Entwurf, der Entwurf verändert den Ort. Unsere Architektur soll altern können, alt soll aber nicht unansehnlich bedeuten, Architektur soll sich selbst erklären können und nicht beschrieben werden müssen, sie ist Inhalt und Struktur. Dies bildet die Grundlage für unsere Arbeit in den Bereichen Infrastruktur (Bahnhöfe, Brücken), Wohnbau und Geschäftsumbauten sowie bei Wettbewerben für öffentliche Bauten (Schulen, Kindergärten, Feuerwehr etc.) und Gewerbebauten. Dies geschieht immer öfter in bestehenden, teilweise denkmalgeschützten Strukturen und immer im Team mit den verschiedensten Fachplanern.

For us, architecture is the ability to change specific living environments in specific locations and to continue developing what is already there. We do not perceive responding to what has been previously created as a limitation, but as a dialogical process of motion, upon which we base each design.

The environment determines the design; the design changes the place. Our architecture is able to grow old, but old does not mean unsightly. Architecture should be self-explanatory and not need a description. Architecture is content and structure. This forms the basis for our work in the fields of infrastructure (railway stations and bridges), residential and commercial renovations, competitions for public buildings (schools, kindergartens, fire departments, etc.), and commercial buildings. We work increasingly often on existing buildings, some under heritage protection, and always in a team with a wide range of professional planners.

Stadt-Utopie Wien
Vienna Urban Utopia

Vor kurzem habe ich gelesen, dass wenn wir heute in der Architektur an Utopien denken, wir in den sechziger Jahren des vorigen Jahrhunderts landen. Damals wurde die Zukunft in rosa gesehen, es erschien alles möglich. In großen Strukturen, riesigen Maschinen, die unsere Bedürfnisse erfüllen und uns unterstützen. Maschinen wurde damals noch mechanisch gedacht, und diese Maschinen haben uns in der Zwischenzeit viel körperliche Arbeit abgenommen und das Erscheinungsbild unserer Landschaft und das Zusammenleben der Menschen stark verändert. Die Maschinen sind soweit Teil unseres Lebens geworden, dass sie aus unseren Utopien wieder verschwunden sind. Keine Megastrukturen, sondern kleine selbstbestimmte Einheiten, Gebäude, die Haustechnik möglichst überflüssig machen sollen oder gar ohne diese auskommen. George Orwell hat sein Buch 1984 mit all seinen Visionen und Horrorvorstellungen im Jahr 1949 veröffentlicht. Vieles, das vor Jahren noch unvorstellbar war, wurde inzwischen durch Rechnerleistung Teil unseres Alltags. Die Maschinen sind nun nicht mehr mechanisch, sondern intelligent und wie z. B. Smartphones so in unser Leben implantiert, dass wir uns kaum daran erinnern, wie das Leben davor war. Diese weltweiten Veränderungen haben eine unglaubliche Geschwindigkeit angenommen, und die kleiner gewordene, vernetzte Welt kämpft um die gleichen begrenzten Ressourcen.
Was könnte Stadt-Utopie Wien heute bedeuten?
Mit meiner Familie war ich vor kurzem in Südafrika. Ein wunderbares Land, geprägt von Gegensätzen. Wir sahen unter anderem prächtige Villen hinter hohen Mauern und Stacheldraht. Auf der anderen Seite Wellblechhütten entlang der Autobahn, die auch als Gehweg genutzt wird. Es war im wörtlichen Sinn ein Schwarz-Weiß-Sehen. Eine Gesellschaft, die geteilt ist in arm/reich, gebildet/ungebildet.
Was mir nicht aufgefallen ist, sind Orte, an denen diese Gegensätze aufgehoben und die Menschen zusammengeführt werden, an denen die Menschen zusammenleben, Orte, an denen dies durch Architektur manifestiert wird (außer vielleicht in Einkaufszentren).
Architektur bekommt ihren Stellenwert erst durch gesellschaftliches Leben. Gesellschaft entsteht, wenn alle Bürger am öffentlichen Leben teilhaben, und Architektur wird dann wichtig, wenn sie dieses Zusammenleben organisieren und mitgestalten kann. Wenn sie nur als Design und Kapitalanlage gesehen wird, löst sie ihre Bedeutung auf.
Eine Utopie der Stadt ist eine gesellschaftliche Utopie. Was macht das menschliche Leben lebenswert? Zusammenleben über die Schranken des persönlichen Einkommens, der Religion oder der ethnischen

Zugehörigkeit. Eine Utopie der Stadt ist eine politische Frage, eine Frage der materiellen Aufteilung und des Ausgleichs unter den Bewohnern, eine neue Definition über Wert und Werte.
Ich glaube, Architektur muss nicht brennen, ich weiß, Stadt darf nicht brennen!
Eine Utopie der Stadt ist vor allem auch eine Frage der Mobilität.
Stadt war und ist immer auch der Gedanke der kurzen Wege, der Arbeitsteilung und Spezialisierung, die erst durch das dichte Zusammenleben entstehen konnten. Städte wachsen, und sie leben vom Zuzug. Dies erfordert Logistik und Mobilität. Hier wurden für die Bewegung in der Horizontalen die Eisenbahn und in der Vertikalen der Aufzug erfunden. Später hat sich dann das Auto dieser bestehenden Strukturen bemächtigt. In Straßen und Freiräumen, die in der alten Stadt nie dafür gedacht waren, und in neuen Strukturen, in denen der Mensch als Fremdkörper erscheint.
Das Auto hat die Unterschiede von Stadt und Land verwischt. Dadurch ist es heute möglich, in beiden Welten zu leben, zumindest an beiden teilzunehmen.
Das Auto wird inzwischen von vielen als Problem erkannt, aber eher in seiner Bedeutung für Umweltschutz und Klimawandel. Ich denke nicht, dass die Lösung nur im umweltfreundlichen Antrieb liegt. Das Problem liegt in den räumlichen und sozialen Veränderungen, die durch das Auto verursacht werden. Das Auto, das sich selbstreferenziell von sich abhängig macht. Weil Distanz kein wirkliches Problem mehr darstellt und dadurch jeder ein Auto braucht, funktioniert das System. Junge, Alte und Individualisten stören da eher.
Es ist nun nicht mehr notwendig, Geschäfte und Dienstleistungen fußläufig zu erreichen. Sie können überall sein. Am besten an einer Autobahnabfahrt auf dem Weg zur Stadt, denn auch aus der Stadt wandern die Geschäfte zu diesen Verkehrsknotenpunkten. Die ersten Städte entstanden vor ca. 10.000 Jahren, erst seit 100 Jahren gibt es die individuelle Mobilität in Form des Autos. Auch dieses Urbanitätsmodell hatte als Ursprung eine Planerutopie, gefolgt von wirtschaftlichen Interessen und dem Versprechen auf Fortschritt.
Utopien sind in ihrer ganzen Tragweite und Komplexität nicht abschätzbar, geschweige denn planbar.
Vielleicht ist es auch an der Zeit, eine Utopie zu finden, die nicht auf einer Tabula rasa gründet, sondern auf dem Verständnis und Respekt der verschiedensten Disziplinen zueinander.
Nutzen wir die zur Verfügung stehenden Rechnerleistung, um die Archive der Vergangenheit zu durchsuchen und die verschiedensten Theorien und Disziplinen zu einem Ganzen, sagen wir dazu Utopie, zu vereinen. Zumindest so lange, bis wir eine bessere gefunden haben.

I recently read that when we now think of architectural utopias, we find ourselves in the sixties of the last century. At that time, the future was seen through rose-tinted glasses, and everything seemed possible. Huge machines in large structures would meet our needs and support us. Machines were still thought of as mechanical at the time, and these machines have indeed gone on to assume much of our physical labor and greatly change the appearance of our landscape and human coexistence. Machines have become so much a part of our lives that they have once again disappeared from our utopian concepts. Not mega-structures, but small, autonomous units; buildings constructed to largely, or even completely eliminate the need for utilities. George Orwell published his book 1984, full of ideas and visions of horror, in 1949. Many things that were unimaginable years ago have now become a part of our everyday lives through the use of computers. Machines are no longer mechanical, but intelligent and, as with smartphones, so deeply implanted in our lives that we hardly remember what life was like before them. These global changes have been happening at an incredible speed and our highly networked world, growing ever smaller, is fighting for the same limited resources. What would an urban utopia of Vienna look like now?
I was recently in South Africa with my family. A wonderful country, full of contradictions. We saw, among other things, stately mansions behind high walls and barbed wire. On the other side were shacks along the highway, which was also used as a walkway. It was a black-and-white vision in the literal sense. A society divided into the poor and the rich, educated and uneducated.
What I did not notice were places where these contrasts had been abolished and the people brought together, where people live together, places where this is manifested by the architecture (with the possible exception of shopping centers).
Architecture is imbued with value through social life. A society grows when all citizens participate in public life, and architecture becomes important when it can organize and help shape this togetherness. If it is only seen as a design and investment, the meaning of architecture dissipates.
An urban utopia is a social utopia. What makes human life worth living? Living together beyond the limits of personal income, religion, or ethnicity. An urban utopia is a political question, a question of material distribution and balance among the residents, a new definition of value and values.
I believe that architecture shouldn't burn, and I know that the city must not burn!
An urban utopia is, above all, a question of mobility.

A city was, and still is, the concept of locality, the division of labor, and specialization, all things that can only emerge from a dense coexistence. Cities grow, and they feed on influx. This requires logistics and mobility. For this reason, railways were invented for horizontal travel and the elevator for vertical. Later, automobiles appropriated these existing structures. Humans now seem like foreign elements in the streets and open spaces of the old town, never meant for use by cars, as well as in new structures.
Cars have blurred the differences between town and country. As a result, it is now possible to live in both worlds, or at least take part in both.
The car has meanwhile been recognized by many as a problem, but more in terms of its importance to environmental protection and climate change. I don't think the solution can be found only through an environmentally friendly means of propulsion. The problem lies in the spatial and social changes that have been caused by cars. Automobile use reinforces itself, making dependency increase.
The system works because distance is no longer a real problem, and therefore everyone needs a car. The young, old, and freethinkers are nothing more than a nuisance.
It is no longer necessary to be able to reach shops and services within walking distance. They can be anywhere. The best location would be on a highway off-ramp on the way to a town, because shops are also wandering out of towns to these transport hubs. The first cities arose around 10,000 years ago. Individual mobility in the form of automobiles has only been around for the last 100 years.
Even this urbanity model once originated from a planner's utopia, quickly followed by economic interests and the promise of progress.
The full scope and complexity of a utopia is not really assessable, much less predictable.
Maybe it's time to find a utopia not based on a tabula rasa, but on the understanding and respect of different disciplines for each other.
Let us use our available computing power to search the archives of the past and to unite the plethora of theories and disciplines into a whole, into a – shall we say – utopia. At least until we find a better one.

52

Bahnhof Korneuburg (2012)
Neubau einer Mobilitätsdrehscheibe.
Umsteigen vom Fahrrad, Bus, Auto und
Zug unter einem Dach. Das Aufnah-
megebäude signalisiert Offenheit und
Transparenz, die Materialien und Ober-
flächen sind hell und wertig. Neben all
den Funktionen des Ankommens und
Abfahrens soll auch öffentlicher Raum
entstehen.
– Attraktivierung des Bahnhofs
Korneuburg
– Verbesserung der Schnittstellenfunk-
tion Bahnhof/Stadt und Eisenbahn/
andere Verkehrsträger durch Neu-
gestaltung des Bahnhofvorplatzes und
des Busbahnhofes
– Bike&Ride-Anlage für 500 Fahrräder
– Zusätzliche Querung der Gleise als
Verbindung zweier Stadtteile

Korneuburg Railway Station (2012)
Construction of a mobility hub. Bike,
bus, car, and train connections all
under one roof. The reception building
conveys openness and transparency;
the materials and surfaces are bright
and of high quality. Public space is
created in addition to the many arrival
and departure functions.
– Made the Korneuburg railway station
more attractive
– Improvement of the interface
function between station/city and
railway/other modes of transport by
redesigning the station forecourt and
the bus station
– Installation of a Bike&Ride facility for
500 bicycles
– Additional track crossings to connect
the two sections of the town.

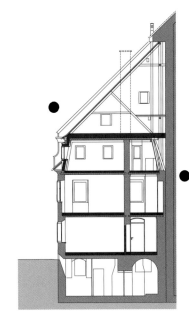

Haus Mesnergasse 5 (2013)
Gelegen inmitten der Grazer Innenstadt, wurde das Haus 1770 vermutlich unter Einschluss älterer Bausubstanz errichtet. Das Haus mit spätbarocker Fassadierung steht unter Denkmalschutz. Die Sanierung wurde vom Bundesdenkmalamt begleitet. Einbauten der letzten Jahrzehnte wurden rückgebaut und je Geschoß eine Wohnung mit Küche und Sanitäreinheit errichtet. Die Fassade wurde mit Kalkputz dem Bestand entsprechend erneuert, die Grazer Kastenfenster wiederhergestellt.
Den Eingang markiert ein neues Vordach, integriert sind Briefkasten, Klingel und Beleuchtung.

House, Mesnergasse 5 (2013)
Located in the center of the Graz old town, the house was built in 1770, most likely incorporating even older buildings. The house has a late Baroque façade and is under heritage protection. The restoration was carefully monitored by the Federal Monuments Agency. Installations from the past decades were dismantled and each floor was converted into an apartment with a kitchen and sanitary facilities. The façade was rebuilt with historically accurate lime plaster, and the traditional box windows of Graz were restored.
The entrance is marked by a new canopy, with integrated mailboxes, doorbell, and lighting.

Haus Most (2010, links)
Haus Natol (2010, rechts)
Das Haus besteht aus einem massiven, im Hang stehenden Sockelbauteil mit Sauna, Lager und Büro und einem vorgefertigten Holzbauteil, der über den Sockel hinausragt und einen gedeckten Vorbereich bildet. Die Form des Gebäudes reagiert auf die Grundstücksgrenzen und öffnet sich zur spektakulären Sicht über das Inntal. Das hoch gedämmte Haus wird über einen Speicherofen beheizt, dessen Abwärme mittels Betonkernaktivierung auch das untere Geschoß erwärmt. Die schwarze EPDM-Folie zieht sich fugenlos über Dach und Fassade und lässt das Haus von der Weite optisch mit dem dunklen Hintergrund des Waldes verschwimmen.

Most House (2010, left)
Natol House (2010, right)
The house consists of a massive basement section with a sauna, storage space, and office; and a prefabricated timber section that cantilevers out over the base to create a covered outdoor area. The shape of the building takes up the lines of the property, opening to a spectacular view of the Inn Valley. The well insulated home is kept warm by a storage heater with concrete core activation that heats the bottom floor as well. Black EPDM foil seamlessly covers the roof and façade, causing the structure to disappear against the dark background of the forest when viewed from afar.

141

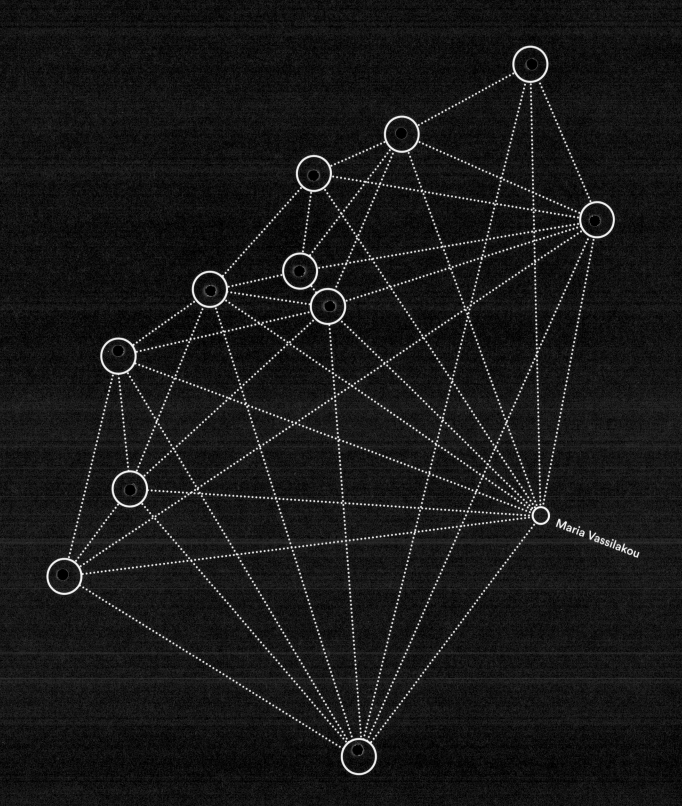

Maria Vassilakou

Große Runde
Round Table Discussion

Gespräch der elf YoVA4-Büros
mit Vizebürgermeisterin
Maria Vassilakou
am 18. Februar 2015

Moderation: Robert Temel

Conversation of the 11 YoVA4
offices with Deputy Mayor
Maria Vassilakou, Feb. 18, 2015.

Host: Robert Temel

↑ Glossar S. 2
↑ Glossary p. 2

»Wir brauchen mehr Fachleute, die konkrete Lösungen einfordern«

Lukas Göbl, göbl architektur Ich pendle regelmäßig zwischen Wien und Niederösterreich – da sehe ich beim Vorbeifahren die absurde Entwicklung im Wiener Umland. Gibt es eine Chance für echte Planungskooperation zwischen Wien und Niederösterreich? Die Gemeinsame Landesplanung Berlin-Brandenburg ist diesbezüglich vorbildhaft.

Maria Vassilakou Es ist eine Sache, was meine Meinung ist, und eine andere Sache, was in fünf Jahren machbar ist. Ich finde es absurd, wie wir derzeit in Österreich überregionale Planung organisieren. Es gibt viele Beispiele dafür, wie man es besser machen könnte, nicht nur Berlin-Brandenburg, auch Kopenhagen und Malmö, wo das sogar zwischen zwei Staaten gelingt. Spätestens wenn Wien in voraussichtlich 20 Jahren an seine Wachstumsgrenzen stößt, wird sich die Frage stellen, welche Perspektive es für die Region gibt – aber von einem gemeinsamen Weg sind wir derzeit weit entfernt. Insofern bin ich nicht sehr optimistisch, dass wir in den nächsten fünf Jahren einen großen Schritt weiterkommen. Aber ich habe das auf meiner Agenda. Ich bin allerdings der Meinung, dass es Druck von der Bundesebene oder ein Bundesgesetz braucht, damit wir in Österreich zu einer echten länderübergreifenden Planung kommen.

Rupert Halbartschlager, bauchplan).(Mich interessiert ein Thema der Bauordnung: Ein Problem in Wien im Gegensatz zu deutschen Städten ist es, dass man im Bebauungsplan nur vage Vorgaben machen kann. Bei uns gibt es zwischen Bebauungsplan und STEP↑ keine rechtliche Planungsebene. Da braucht es noch etwas Verbindlicheres.

Maria Vassilakou Diese Planungsebene gibt es in Wien derzeit tatsächlich nicht. Aus diesem Grund führen wir in Wien zunehmend kooperative Planungsverfahren↑ durch. Rechtlich bindend sind deren Resultate nicht, deshalb werden wir uns mit diesem Thema in den nächsten Jahren noch intensiv beschäftigen. Wir müssen ein Konzept erarbeiten, wie diese Zwischenebene aussehen kann, ohne dass der Spekulation Tür und Tor geöffnet wird. Werfen wir zum Beispiel einen Blick auf die Hochhausfrage: Entschieden wird im Einzelfall, denn sobald konkrete Gebiete für Hochhäuser festlegt werden, explodieren dort die Preise.

Katharina Bayer, einszueins architektur Ich finde kooperative Verfahren sehr interessant, weil dadurch das erste Mal seit langem in Wien wieder die Disziplin Städtebau zu einer Aufgabe geworden ist. Jetzt gibt es eine Chance für fachlichen Dialog, aber da braucht es auch lukrative Aufgaben für Büros in diesem Bereich, damit die sich darauf spezialisieren können. Und es fehlen Methoden der Qualitätssicherung, beispielsweise für die kooperativen Verfahren.

Maria Vassilakou Auf meiner Agenda steht beides – die Zwischenebene und das Thema Städtebau. Es gab in Wien lange einen Arbeitsmodus, der für die damals prioritären Bedürfnisse funktioniert hat. Rückblickend sieht man diesbezügliche Schwächen und erkennt, welche Qualitäten in diesen Stadtteilen fehlen. Im Städtebau mangelt es heute an Erfahrung und an Know-how. Das müssen wir erst wieder aufbauen. Ich halte es beispielsweise in großen Stadterweiterungsgebieten für sehr wichtig, Entwicklungsgesellschaften zu etablieren, die Qualitäten festlegen, die Entstehung begleiten und darauf achten, dass die Planung auch entsprechend umgesetzt wird.

»We need more experts who demand concrete solutions«

Lukas Göbl, göbl architektur I regularly commute between Vienna and Lower Austria – and on my journey, I see the absurd development of the Viennese hinterland. Is there any chance at all of real planning coordination between Vienna and Lower Austria? In terms of this, the shared land use planning of Berlin and Brandenburg is exemplary.

Maria Vassilakou It's one thing to ask for my opinion, and quite another thing to talk about what can be accomplished within five years. There are many examples of how things could be improved, not only Berlin-Brandenburg, but also Copenhagen and Malmö, where cooperation even works between two nations. Once Vienna reaches the limits of its growth, which will probably be within twenty years, questions will have to focus on what perspectives there are for the region – but currently, we are a long way away from having a common policy. I am not very optimistic that we will see much progress in this respect in the next five years. But it's on my agenda. However, I think that pressure from the national level, or a national law, will be necessary for us to achieve true trans-regional planning.

Rupert Halbartschlager, bauchplan).(I am interested in a building regulations issue: One problem in Vienna as opposed to in German cities is that land use plans can only contain vague specifications. Here, there is no legal level of planning between the land use plan and the city development plan↑. Something more binding is needed.

Maria Vassilakou It is true, in Vienna this planning level doesn't exist today. This is why we increasingly implement cooperative planning procedures↑. However, their results are not legally binding, which is why we will be focusing on the issue over the next few years. We need to develop a concept of what this intermediate level might look like, without opening the floodgates to financial speculation. Let's look at the question of high-rises for instance: decisions are made on a case-to-case basis, because as soon as specific areas for high-rises are zoned, prices go through the roof.

Katharina Bayer, bauchplan).(I am very much interested in cooperative planning procedures, because this is the first time in ages that urban development has become a real task in Vienna. Now, there is a real chance for professional dialogue, but what we also need are profitable jobs for offices in the field, which would enable them to specialize. And there is a lack of quality control, for instance in cooperative planning procedures.

Maria Vassilakou Both issues are on my agenda – the intermediate level and urban development. For a long time, there was a work mode in Vienna that functioned well for the priorities at the time. In retrospect, we see its weaknesses and understand which qualities are lacking in the districts. We need more experience and know-how in urban development today. That's something we will have to build up again. In large urban expansion zones, I think it's highly important to establish development agencies that define standards, accompany construction, and see to it that planning is properly implemented.

Michael Salvi, Schenker Salvi Weber Für uns als junges Büro ist es ein Problem, Zugang zum System Bauträgerwettbewerb↑ zu bekommen und Wohnbau zu planen. Welche Möglichkeiten sehen Sie hier für ein Büro wie uns?

Maria Vassilakou Die Bauträgerwettbewerbe waren zu ihrer Entstehungszeit eine Errungenschaft, sie haben einen Beitrag geleistet, die Vergabe objektiver zu machen. Aber jedes System sollte nach zehn Jahren weiterentwickelt werden. Wahrscheinlich sind wir heute so weit, dass man den Komplex Widmung, Bauträgerwettbewerb und Wohnbauförderung reformieren sollte. Diesbezüglich müssen das Planungs- und Wohnbauressort zu einer gemeinsamen Vorstellung finden. Ich kann mir gut vorstellen, die kooperativen Verfahren↑ an die Bauträgerwettbewerbe zu koppeln. Dadurch könnte sich die Planungszeit insgesamt verkürzen und ein Fortschritt in der Qualitätssicherung gelingen.

Robert Diem, franz Wir wollen Wohnbau in Wien machen. Das geht derzeit nur, wenn man sich einem Bauträger unterwirft. Aber wir wollen auch ganz generell in Wien planen und bauen dürfen. Wir machen sehr viele Wettbewerbe, wir haben gerade zwei in Tirol gewonnen. In Wien vermisse ich die offenen Wettbewerbe. Es geht nicht nur um die Bauträgerwettbewerbe, ein anderes leidiges Thema sind die Schulen und die PPP-Modelle↑.

Maria Vassilakou Wir haben die Aufgabe, in den nächsten Jahren Raum für hundert Schulklassen pro Jahr zu schaffen. Ich bemühe mich sehr um Wettbewerbe, aber wo wir es zeitlich nicht schaffen, müssen wir andere Wege finden. Deshalb müssen wir auch mit PPP-Modellen arbeiten, da wir uns sonst die Schulen aufgrund der derzeitigen Budget situation einfach nicht leisten können. Das Ausmaß der Infrastruktur, die wir finanzieren müssen, ist enorm. Es ist vielleicht nicht jedem bewusst, aber wir haben Investitionskosten von einer Milliarde Euro bis 2021 nur für Schulen. Dazu kommt dann noch weitere notwendige Infrastruktur wie Straßen, öffentlicher Verkehr, Kanal, Parks – die Liste ist lang.

Robert Diem, franz Die jetzigen SchülerInnen werden später die Kosten für die PPP-Projekte zahlen!

Maria Vassilakou Ein anderer Weg wäre auch mir lieber. Aber solange es den Stabilitätspakt gibt, der das Schaffen von Werten nicht anerkennt, geht es nicht anders. Ich sage: Befreit uns zumindest von diesem Mühlstein! Aber es besteht Zeitdruck. Mein Kollege im Schulressort hat kaum die Möglichkeit, anders zu handeln. Ich teile alle Einwände, aber in der Praxis geht es darum, wie wir das finanziell und zeitlich bewältigen können. Darüber hinaus müssen wir uns die Frage stellen, was in den Schulen passiert, welche Qualität der Unterricht hat oder wie LehrerInnen finanziert werden.

Rupert Halbartschlager, bauchplan).(Ich will Ihren Job nicht haben: Die Versäumnisse der Jahrzehnte türmen sich auf. Es ist schwierig, beides abzudecken: das Notwendigste schaffen und strukturell erneuern. Aber so wie jetzt kann es nicht bleiben. Genau daraus entsteht doch Politikverdrossenheit, weil man den Eindruck hat, das PolitikerInnen nur reagieren, nicht fähig sind zu sagen: Das mache ich!

Maria Vassilakou Ich bin 46 Jahre alt und an Politik interessiert, seit ich 16 war. Ich beschäftige mich also

Michael Salvi, Schenker Salvi Weber For us, as a young office, it is difficult to access the system of developer competitions↑ and to plan housing projects. Do you see any chances for an office like ours?

Maria Vassilakou When they were first created, developer competitions were an achievement, they contributed to making tendering procedures more objective. But any system needs to be improved after ten years. Today, we have probably reached the point at which the complex of zoning, developer competition, and housing subsidies needs to be reformed. In this regard, the planning and housing departments should work out a common concept. I wouldn't mind linking cooperative planning procedures↑ and developer competitions. This could result in shortening the planning phase, and would bring advancements in quality control.

Robert Diem, franz We want to do housing projects in Vienna. At the moment, this is only possible when you defer to a developer. But we would like to be able to design and build in Vienna in general. We participate in competitions a lot, and just won two in Tyrol. What's missing in Vienna is open competitions. And it is not only about developer competitions, another problematic issue is schools and PPP↑ models.

Maria Vassilakou Our task over the next few years is to create space for one hundred classrooms each year. I put a lot of effort into competitions, but when the timeframe is too tight, we need to find other solutions. This why we also have to work with PPP models, because otherwise we couldn't afford building these schools on our current budget. The dimensions of the infrastructure we need to fund are enormous. It might not be clear to everyone, but we will have to invest one billion euros for schools alone by 2021. Add to that the many other necessary infrastructure projects such as roads, public transport, sewage systems, and parks – the list goes on and on.

Robert Diem, franz Today's schoolchildren will later pay for the PPP projects!

Maria Vassilakou I would also prefer a different solution. But as long as the Stability Pact is in effect, which does not credit the creation of value, there is no other way. What I keep saying is: At least free us from this millstone around our necks! But the schedule is tight. My colleague in the Education Department hardly has a choice. I accept all reservations, but in practice, the problem is how to accomplish the task on time and within the budget. And in addition to that, we need to ask what goes on within the schools, whether the quality of education is good enough, and how to pay the teachers.

Rupert Halbartschlager, bauchplan).(I would not like to have your job: the mistakes of decades pile up. It is difficult to cover both: achieving the essentials, and structural modernization. But things can't stay the way they are. This is exactly why people are disenchanted with politics, because they feel that the politicians only react, that they are never able to ever say: This is what I'll do!

Maria Vassilakou I'm forty-six years old, and I have been interested in politics since I was sixteen, which means that

seit 30 Jahren mit politischen Fragen. Es geht nicht nur darum, kleine Dinge zu verändern, es braucht eine Systemveränderung. Aber wenn ich in die Situation komme, politisch zu gestalten, gibt es 5.000 Dinge, die ich tun kann – und ich muss mir ein paar davon aussuchen. Ich muss also Prioritäten setzen und mich an meinen Prioritäten messen lassen. Für mich prioritär war, den bisher üblichen Aushandlungsmodus zwischen Stadt und Investoren zu verlassen und die kooperativen Verfahren↑ einzuführen; und damit zu erreichen, dass Landschaftsplanung und die Planung des öffentlichen Raums einen höheren Stellenwert erhalten. Das ist noch nicht vollständig umgesetzt. Langfristig ist mein Ziel, eine eigene Abteilung für die Planung des öffentlichen Raums zu schaffen, in die der Straßenbau integriert ist, damit man versteht, dass die Straßen auch Lebensraum sind.

Marie-Theres Okresek, bauchplan).(
Das klingt nach einem Traum!

Maria Vassilakou   Meine zweite Priorität ist die Neugestaltung des öffentlichen Raums. Das Projekt Mariahilfer Straße hat länger gedauert als geplant und mich bei anderen Projekten zurückgeworfen, weil es viel Energie gekostet hat. Dieses Projekt öffnet aber die Augen dafür, dass die Neugestaltung eines lebendigen Zentrums für jeden Bezirk möglich ist: Die Neugestaltung Wiens als polyzentrische Stadt. Aber es gibt eben auch Dinge, die ich nicht prioritär betrachtet habe. Das heißt nicht, dass es immer so weitergehen soll wie bisher.

Theresa Häfele, miss_vdr architektur   Ich finde die Plattform YoVA toll. Es gibt derzeit großen Handlungsbedarf, die Gesellschaft erneuert sich, unser Leben ändert sich. Wir sind ein Büro aus drei Frauen, wir sind jung, wir sind näher dran an diesen Veränderungen als andere Generationen: Ganztagesschulen, Kinderbetreuung, das sind Planungsaufgaben für uns, wir haben die Energie dafür, wir sind doch die, deren Kinder jetzt in die Schule gehen. Wie kann man dieses Potenzial kanalisieren? Gibt es Überlegungen, wie man die jungen Büros in die Gegenwart und in die Zukunft holen kann?

Maria Vassilakou   YoVA ist zum Beispiel so eine Überlegung. Wir wollen einen Überblick über die jungen, kleinen Büros behalten. Wir versuchen beispielsweise, sie aktiv zu kooperativen Verfahren↑ einzuladen. Kooperative Verfahren sind für uns so wichtig, weil dabei interdisziplinär gearbeitet wird und mehrere Teams dabei sind, die voneinander lernen können. In solchen Verfahren sind auch junge, kleinere Büros beteiligt. Zentral ist, dass es bei uns vor allem um Städtebau, nicht um Objektplanung geht. Aber wir legen privaten Investoren ans Herz, Wettbewerbe zu machen und dabei junge Büros zu berücksichtigen. In die Zukunft gedacht: Ein wichtiges Thema ist die Parzellierung. Wir bemühen uns sehr, dass in neuen Stadtteilen auch kleine Baulose angeboten werden, die dann beispielsweise für Baugruppen↑ und für kleinere Architekturbüros geeignet sind.

Connie Herzog, lostinarchitecture   Überall in Wien ist die Verkehrsbelastung hoch, und das hat auch mit dem Pendeln zu tun. Das Garagengesetz wurde gerade überarbeitet, aber nach wie vor muss man in Wien zu viele Garagen bauen: 10.000 neue Wohnungen bedeuten ja auch viele neue Parkplätze. Wie kann man die parkenden Autos aus dem öffentlichen Raum wegbekommen, damit jeder Bezirk eine Begegnungszone erhalten kann, damit Grätzel belebter werden?

I have been engaged in political issues for thirty years now. It is not only about changing small things, what we need is to change the system. But when I am in a situation to shape politics, there are 5,000 things I can do – and I have to choose just a few of them, which means prioritizing and accepting being measured by these priorities. For me, my priority was to leave behind the accepted mode of negotiations between municipality and investors, and to introduce cooperative planning procedures↑; and to thus place landscape planning and the planning of public space higher on the agenda. This process is not yet fully complete. My long-term goal is to create a separate planning department for public space, which will include road construction, so that people start to understand that roads are living space, too.

Marie-Theres Okresek, bauchplan).(
That sounds like a dream!

Maria Vassilakou   My second priority is redesigning public space. The Mariahilferstraße project has taken longer than planned and set me back on other projects because it took a lot of energy. But this project is an eye-opener to the fact that redesigning a lively center for each district can indeed be done: Vienna can be redesigned as a polycentric city. Of course, there are also things that I haven't prioritized, but that doesn't mean that things have to continue exactly as they are now.

Theresa Häfele, miss_vdr architektur   I thing the YoVA platform is great. Currently, there is a great need for action, society is renewing itself, our lives are changing. We are a three-woman office, we are young, we are closer to these changes than other generations: full-time schools, childcare, these are planning challenges for us. We have the energy for it and we are, after all, the people whose children are now in school. How can we channel this potential? Are there any thoughts on how to bring young offices into the present and into the future?

Maria Vassilakou   YoVA is one of those thoughts. We want to keep track of young, small offices. We try, for instance, to actively invite them to cooperative planning procedures. Cooperative procedures are so important to us because they are interdisciplinary, and several teams are involved who can all learn from each other. Such procedures also involve young, smaller offices. It is essential that our focus be on urban development, as opposed to site planning. But we encourage private investors to organize competitions and to take young offices into account. Regarding the future: another important issue is plot division. For instance, we aim to offer small lots suitable for Baugruppen↑ and smaller architects' offices in new development areas.

Connie Herzog, lostinarchitecture   In Vienna, the traffic load is high everywhere, something also due to commuting. The law on garages has just been revised, but we still have to build too many garages in Vienna: 10,000 new apartments mean a lot of new parking spaces, too. How can we get rid of parking cars in public space, in order to give each district new meeting places, to make neighbourhoods more lively?

Maria Vassilakou Das ist eine wichtige Diskussion und es gibt mehrere Strategien, die ineinandergreifen müssen. Die gerade beschlossene Strategie für den Garagenbau in Wien ist ein erster Schritt in die richtige Richtung. Ergänzend dazu braucht Wien flächendeckende Parkraumbewirtschaftung. Außerdem müssten die vorhandenen Garagen besser genutzt werden: Es gibt in Wien ungefähr genauso viele Stellplätze in Garagen wie Autos. Wir müssten also kaum noch neue Garagen bauen. Die Frage ist: Wie bringt man die Leute dazu, Garagen zu benützen? Dazu muss man sich mit den Pflichtstellplätzen befassen. Für jede Wohnung wurde ein Stellplatz gebaut, aber gemietet wird vielfach nur die Wohnung, nicht der Stellplatz. Und das Auto wird im öffentlichen Raum geparkt. Wie kann man das verändern? Zum Beispiel, indem es einen Höchstpreis für Pflichtstellplätze gibt, damit auch derzeit zu teure Parkplätze angenommen werden.

Marie-Theres Okresek, bauchplan).(
Was wünschen Sie sich von uns?

Maria Vassilakou Wir brauchen mehr Fachleute, die konkrete Lösungen einfordern. Wir werden oft kritisiert, was alles nicht richtig gemacht wurde, aber niemand sagt, wie man es besser machen könnte. Ich wünsche mir, dass ihr konkrete Dinge einfordert.

Maria Vassilakou That's an important debate, and there are several interlocking strategies to do it. The Vienna garage-building strategy, which we just recently passed, is a first step in the right direction. In addition to that, Vienna needs universal parking space management. Existing garages need to be used more efficiently, too: there are about as many parking spaces in garages as cars in Vienna, so we hardly need to build any new garages. The problem is, how to get people to use garages? This means addressing the issue of obligatory parking spaces. A parking space was built for every apartment, but often people will only rent the apartment, not the parking space, and they park their car in public space. How can we change that? One option would be to implement a maximum price for obligatory parking spaces, so that parking spaces that are currently too expensive can be made usable.

Marie-Theres Okresek, bauchplan).(
What would you like us to do?

Maria Vassilakou We need more experts who demand concrete solutions. We are often criticized for things that weren't done right, but nobody says anything about how to do them better. I would like you to make concrete demands.

Impressum
Imprint

Bildnachweis
Photo Credits

Herausgeber
Publisher

Magistrat der Stadt Wien
Magistratsabteilung 18 –
Stadtentwicklung und Stadtplanung
Magistratsabteilung 19 –
Architektur und Stadtgestaltung

City of Vienna Municipal Administration
Municipal Department 18 –
Urban Development and Planning
Municipal Department 19 –
Architecture and Urban Design

Konzept, Organisation
Concept, Organization

Wolfgang Dvorak, MA 18 –
Öffentlichkeitsarbeit und Wissensmanagement
Michael Diem, MA 19 –
Generelle Planung und Grundlagenforschung

Wolfgang Dvorak, MA 18 –
Public Relations and Knowledge Management
Michael Diem, MA 19 –
General Basic Planning and Research

Redaktion
Editor

Robert Temel, www.temel.at

Technische Koordination
Technical coordination

Willibald Böck, MA 18 –
Öffentlichkeitsarbeit und Wissensmanagement
Willibald Böck, MA 18 –
Public Relations and Knowledge Management

Übersetzung
Translation

Ada St. Laurent

Lektorat
Proofreading

Ernst Böck (Deutsch)
Francesca Rogier (Englisch)
Ernst Böck (German)
Francesca Rogier (English)

Artdirektion und Gestaltung
Art Direction and design

Lichtwitz Leinfellner visuelle Kultur KG
Kriso Leinfellner, Stefanie Lichtwitz, Charlotte Engels

Druck und Bindung
Printing and binding

Gugler GmbH, Melk/Donau

Gedruckt auf ökologischem
Druckpapier aus der Mustermappe
von »ÖkoKauf Wien«.

Printed on eco-friendly printing
paper from the sample folder
of the public procurement programme
»ÖkoKauf Wien« (EcoBuy Vienna).

Einleitung Introduction

S. 13   Jürgen Willinghöfer

Gespräche Talks

S. 20, 58, 102, 146   Nikolaus Korab

idealice

S. 28   Nikolaus Korab
S. 29   idealice
S. 30–33   Hertha Hurnaus
S. 34–35   Hertha Hurnaus, idealice

franz

S. 36   Nikolaus Korab
S. 37–41   franz
S. 42–43   franz, Kurt Kuball

Schenker Salvi Weber

S. 44   Nikolaus Korab
S. 45   Schenker Salvi Weber, Carl Schütz (1792)
S. 46–47   Bengt Stiller, Schenker Salvi Weber
S. 48–49   Miss 3, Schenker Salvi, Weber, feld 72
S. 50–51   Schenker Salvi Weber

zwoPK

S. 64   Nikolaus Korab
S. 65–69   Max Imre, zwoPK
S. 70–71   Max Imre, Helge Schier, zwoPK

göbl architekt

S. 72   Nikolaus Korab
S. 73   göbl architektur ZT GmbH,
               Oliver Ulrich, Boris Steiner
S. 74–75   göbl architektur ZT GmbH
S. 76–77   Robert Herbst,
               göbl architektur ZT GmbH
S. 78–79   Bruno Klomfar

lostinarchitecture

S. 80   Nikolaus Korab
S. 81   lostinarchitecture
S. 82–83   Franz Ebner
S. 84–85   lostinarchitecture, Nicole Czekelius
S. 86–87   Mischa Erben, lostinarchitecture

space-craft Architektur

S. 88   Nikolaus Korab
S. 89   Nikolaus Similache,
               Sandra Häuplik-Meusburger,
               Verena Holzgethan
S. 90–91   Ernst Kainerstorfer
S. 92–93   Verena Holzgethan
S. 94–95   Sandra Häuplik- Meusburger,
               Verena Holzgethan, Dario Krjles

bauchplan).(

S. 110   Nikolaus Korab
S. 111   bauchplan).(
S. 112–113   Brane Bozic, bauchplan).(
S. 114–115   bauchplan).(, Johann Lichtl
S. 116–117   bauchplan).(

einszueins architektur

S. 118   Nikolaus Korab
S. 119   einszueins architektur
S. 120–121   Hertha Hurnaus, einszueins architektur
S. 122–123   Hertha Hurnaus
S. 124–125   einszueins architektur

miss_vdr architektur

S. 126   Nikolaus Korab
S. 127   miss_vdr
S. 128–129   Severin Wurnig, miss_vdr
S. 130–131   Christian Fürthner, miss_vdr, heri&salli
S. 132–133   zunder zwo

günter mohr

S. 134   Nikolaus Korab
S. 136–137   Günter Mohr, Zoom VP
S. 138–139   Günter Mohr
S. 140–141   Wolf Leeb, Günter Mohr

Library of Congress
Cataloging-in-Publication data.
A CIP catalog record for this book
has been applied for at the Library
of Congress.

Bibliographic information published by
the German National Library.
The German National Library lists this
publication in the Deutsche
Nationalbibliografie; detailed
bibliographic data are available
on the Internet at http://dnb.dnb.de.

© 2015 Birkhäuser Verlag GmbH, Basel
P.O. Box 44, 4009 Basel, Switzerland
Part of Walter de Gruyter GmbH,
Berlin/Boston

© 2015 Magistrat der Stadt Wien

ISBN 978-3-0356-0635-5
9 8 7 6 5 4 3 2 1

Printed in Austria.

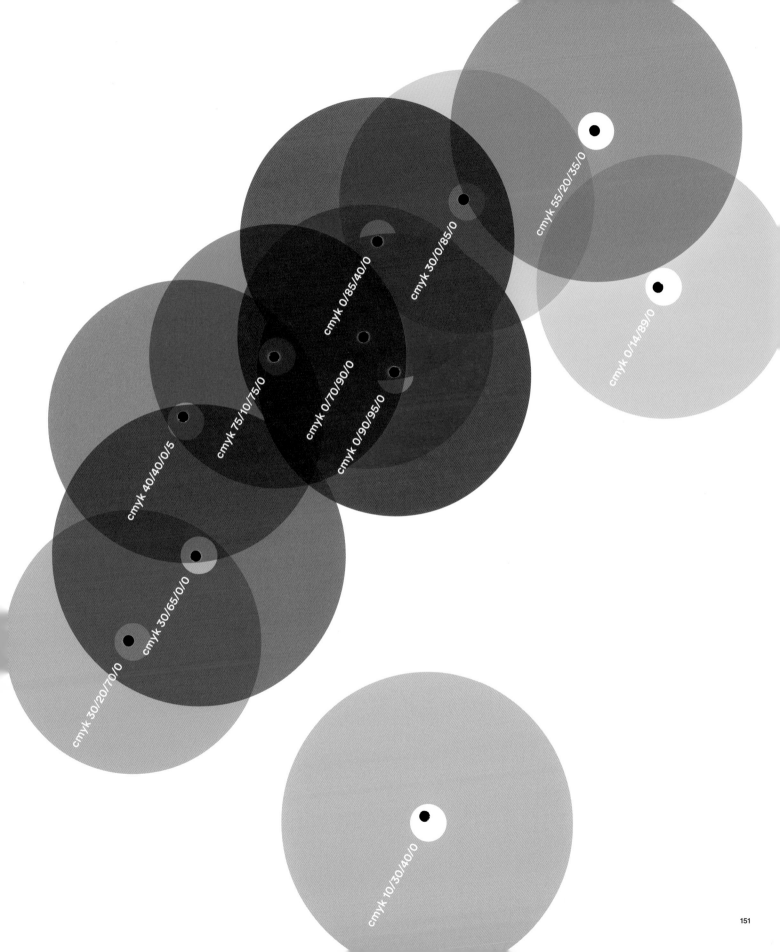

cmyk 55/20/35/0

cmyk 0/14/89/0

cmyk 0/85/40/0

cmyk 30/0/85/0

cmyk 75/10/75/0

cmyk 0/70/90/0

cmyk 0/90/95/0

cmyk 40/40/0/5

cmyk 30/65/0/0

cmyk 30/20/70/0

cmyk 10/30/40/0

Wien!
voraus

Architektur
Stadtgestaltung

StaDt + Wien

Vienna!
ahead

Urban Design

CiTY of + Vienna